U0680465

# 腾讯战略法

庄毅佳　刘　茸◎著

## TENCENT
### STRATEGY BASIS

ZHEJIANG UNIVERSITY PRESS
浙江大学出版社

接到学生庄毅佳的邀请，让我为他的新书《腾讯战略法》作序。还有什么比看到自己的学生硕果累累，更能让老师兴奋的呢？

细细品读这本书稿后，我觉得毅佳对于腾讯战略的理解是非常到位的。

腾讯是一家卓越并有代表性的互联网企业，其发展初期受益于中国通信行业粗放式发展的时代红利，从无战略到作为 SP（Service Provider，服务供应商）搭载上中国移动公司的移动梦网而一路驰骋。由于借助了电信运营商的力量，腾讯的核心产品 QQ 得以快速发展。

随着移动互联网的兴起，腾讯内部自由竞争的机制催生了微信这样战略级的产品。从淘汰由中国移动开发的类似 IM（Instan Messaging，即时通信）解决方案的"飞信"，到开始向美国这个互联网大本营不断渗透,个中的成功奥秘皆在于腾讯准确的战略定位中。

"微信不是摇钱树,而是摇钱树的土壤!"所以,其不像飞信那样向最终消费者收费,也不像 Facebook 那样仅仅做一个垂直的社交应用。微信业务模式的规模经济性和范围经济性使得其在移动互联网时代一骑绝尘,碾压了其他众多大网商想进入中国社交网络市场的梦想。

纵观腾讯的战略发展史,既包括早期创业公司草根式打法的无战略时代,也包括成为大公司后"有套路"的精准战略朝代。因此,无论你是高校经济管理专业的学生,还是正在互联网领域摸爬滚打的企业家,读完这本书,你一定会进一步了解战略方向的重要性。

正所谓:未来虽远,我们的目光更远!

吕廷杰

(作者系网络经济与电子商务专家,曾任北京邮电大学校长助理、经济管理学院院长,现任北京邮电大学电子商务研究中心主任。教授、博士生导师。国际电信协会常务理事、中国信息经济学会常务副理事长、教育部电子商务教学指导委员会副主任、工信部电信经济专家委员会委员。)

战略，是谋略与规划。

企业战略是企业根据环境变化，依据本身资源和实力选择适合的经营领域和产品，从而形成自己的核心竞争力。腾讯的战略在互联网圈内是非常具有代表性的，从 QQ 的成功坚守突围到通过微信拿到移动互联网时代的站台票，从一家传统软件厂商拓展到盈利性极佳的游戏领域，最后形成自己的生态圈，腾讯在几次互联网的时代变革中不仅总能"逢凶化吉"，甚至有"脱胎换骨"式的高速成长，这些都与腾讯的战略有着密切关系。

至少到目前为止，腾讯的战略路径是非常成功的，值得所有企业家将其作为一个典型案例进行研究学习。本书从现象到本质为读者解剖腾讯战略方法，无疑能帮助大家更好地理解腾讯战略形成与变革的过程，从而展现出在这个互联网时代的企业家应该具有的战略思维。

本书作者庄毅佳对于战略管理领域有着自己多

年的研究和独到的见解,他既有多家大型国企工作经历,也有中小微企业互联网转型战略顾问的实操经验,在任职258集团副总裁分管战略资源板块期间,从理论研究到实操都做了非常积极的探索尝试,这些尝试为他的研究乃至写作提供了丰厚的积累和开阔的视野。言商岛商学院则是他本人创业实践的一个基地和平台。

在互联网时代这样一个快速变化的环境中,企业要保持对于这个时代不同发展业态的密切关注,及时对市场环境变化做出调整,才能像腾讯一样在几个重要的弯道都保持领先。一家企业想要紧跟时代步伐和企业需求,除了坚守初心之外,具体的战略、产品及路径需要时时刻刻跟随市场变化做出相应调整。

很多时候,作为企业家可能会在企业具体微观领域关注更多一些,缺少对于市场变化规律和战略适应性调整的总结,本书则给各位企业家勾勒出一个可以在互联网时代落地实操的战略理论模型,具有很强的可读性和可操作性。

期待《腾讯战略法》一书的上市能够引发更多企业家对于互联网时代的企业战略作更多的思考和实践,也期待庄毅佳能够在这个领域继续研究与实践,总结提炼出更多企业成功的真经,写出更多优秀的作品!

林溪

(作者系258集团董事长,APEC中小企业信息化中心副理事长,福建省信息消费协会会长,厦门中小企业协会会长。)

　　BAT(百度、阿里巴巴和腾讯三家公司的简称)
是中国互联网企业的标杆,其中腾讯更是非常抢眼的
"吸金企业"。网传一款王者荣耀手游靠卖皮肤一天
就能卖到 1.5 亿元;腾讯员工的平均年薪在行业中遥
遥领先,足以傲视许多创业企业老板的年薪。

　　目前,中国互联网渐渐步入腾讯、阿里双雄的时
代,它们在 C 端(消费者端)的流量运营确实无人能
敌,因此非常具有代表性,值得作为经典的案例进行
研究。腾讯在逐步成长为一家大企业之后,相当一段
时间内处于什么领域都想进入,并且一进入便是所向
披靡的树敌无数的状态,直到后来"3Q 大战"的爆发,
完全改变了腾讯的战略。

　　近几年,腾讯变得谦逊与包容,愿意"开放"开发
接口让更多人共享流量的红利(平台思维),愿意"平
等"地倾听用户的声音(极致思维),愿意给予公司内

部的创业项目"自由"的赛马机制(迭代思维),愿意从投资者的角度"协助"更多的创业者在自己的平台上创造更大的价值(分享思维)。

腾讯的过去,可谓辉煌与卓越;腾讯的未来,仍然不可知。不确定性,将伴随这个时代的所有企业从生存发展到灭亡。

也许有一天,腾讯不复往日的辉煌,我们也可以以平静的心来接受这些剧烈的变化。腾讯能从 QQ 的成功平滑地过渡到微信,微信甚至使腾达到了讯前所未有的高度,这次转型腾讯是幸运的。多少曾经盛极一时的大企业,在时代变革的关口,轰然倒塌,迅速地没落,沦为纸上的负面案例。

很多人问我,微信取代了微博,那下一个取代微信的产品将会是什么?从互联网时代发展到移动互联网时代,下一个风口会是物联网还是人工智能?我觉得,所有对未来的预测在这个不确定的时代里头,都如同解一道多元多次幂的方程式一样复杂。很多的企业家、创业者、投资人都像押宝一样地选择自己笃定的行业,如果赌对了,皆大欢喜,如果没赌对,也不见得就没有其他机会。

互联网是一个大的风口,风口只是代表了一个时代的某个阶段,然而风口+每个行业却几乎可以实现永恒。因此,从企业战略角度来说,制定战略不应该有投机心理,而是应该更扎实地将自己的行业做深做透,积极地在已经到来的风口里做出变革与微创新,用快速迭代的方式实现自我的产业升级,这才是做企业战略应该秉承的最基础的原则。

本书的研究创作从案例到理论,再从理论还原现实,希望给各位读者清晰地展示腾讯的战略之路。无论是对于初创期、发展期的企业,还是转型期、成熟期的企业来说,本书都有相当的借鉴意义。

很有必要强调的一点是,我和刘茸并没有在腾讯就职过,所以论对于腾讯的了解深入程度必然不及腾讯的在职员工。但是正所谓旁观者清,我们调研了不少腾讯的在职员工和企业内部案例,希望通过众多的主观描述来找到一些相对客观的事实,并从中去探讨论证,提炼经验教训。

另一方面,我也希望各位读者能够辩证地看待书中的案例与观点。大家可以从腾讯的案例与我们的解析中领悟出一些道理来,但是腾讯的战略并不100%适用于各类企业,所以一定不能全盘照抄,否则一定会"输"得很惨。企业要如何去制定战略,路不是唯一的,但有一个共同点,就是一定要符合自己企业的特性。

我们无法通过腾讯模式再造腾讯,我们只能从腾讯成功的经验中找到适合自己企业的一些创新的灵感,并加以尝试和迭代,从而找到属于自己的战略道路。而腾讯曾经走过的弯路,遭遇过的失败,则可以提醒我们警惕风险。我喜欢引用一则童话故事——《小马过河》来说明这个道理。

我们不能因为看到老黄牛轻松过了河,就轻言过河简单;也不能因为看到小松鼠的兄弟过河淹死了,就望而却步。我们所需要思考的是,老黄牛成功的经验中哪些是可以汲取的,小松鼠兄弟的失败教训中哪些是可以吸取的,然后设计一个属于自己的独特过河方案,比如通过踩着石头过河的方式一步步去尝试,发现走得不稳就往后退,这样的方式就可以走出一条完全属于自己的路子来。

在本书中,我们把腾讯的战略打法和成长历程相结合,从四个阶段分别阐述其战略路径。这四个重要阶段分别是:

第一阶段,生存期,1998 年到 2004 年。

第二阶段,发展期,2005 年到 2009 年。

第三阶段,转型期,2010 年到 2012 年。

第四阶段,成熟期,2013 年至今。

以上的每一个阶段,腾讯都制定了不同的战略规划和目标,从战略的萌芽,到"在线生活"战略目标的提出,再到"开放和连接"战略的成型,腾讯战略实现了从 0 到 1 的变化。

对于企业来说,战略不同于产品,产品是从成立之初就必须有的,而战略往往是在长期成长过程中建构而成。因此,如果没有时间的历练,企业战略就无从谈起。在 20 年的成长过程中,腾讯从步履蹒跚到健步如飞,终于找到了属于自己的稳健步伐。而本书希望探讨的,正是腾讯在过去、现在和未来的战略之道。

在最后一章,本书从腾讯组织架构出发,延伸到流程、人才、文化等层面,对腾讯战略进行了多角度的展现和论述。战略从来不是单一的,它指挥着企业的一举一动,是企业的综合表现。战略成熟并不代表稳定,更不是指一成不变或者一劳永逸,而是指腾讯的战略思考和规划路径趋于成熟。未来,腾讯的战略还会继续变化,我们还会进行持续跟踪研究。

1

## 第六章　调动组织,支撑战略

第一章

**腾讯战略之道**

在 200 多年前"股份有限责任公司"被设计出来以后,企业获得了"永生"的可能。不过仅仅只是"可能",企业生命力的可持续性取决于它在时代变迁中一次又一次的判断与抉择。

自 1998 年创立以来,腾讯至今已经走过了 20 个年头。2015 年 4 月 13 日,腾讯市值首次超过 2000 亿美元,成为当时市值最高的互联网公司;2016 年 9 月 5 日,腾讯以 2565 亿美元的市值,成为亚洲市值最高的公司;2017 年 4 月 6 日,腾讯又以 2790 亿美元市值,成为首家跻身全球市值前十的中国企业。此刻,我们禁不住想要追问:

是什么牵引它走到这个位置?那如暗线般贯穿腾讯发展历程的战略逻辑到底是什么模样?是自上而下的排兵布阵,还是来自底层创新?它的成功具有普遍的代表意义吗?是大势造就还是自身成就?是短暂的,还是可持续的?腾讯的未来又将如何?

所有这些追问都源于人们对确定性的向往。一部分指向过去,一部分指向未来;一部分指向企业内部,一部分则指向外在环境。通过对以往企业经营战略实践的观察,我们发现类似的追问从未停止。经营战略的实践者及研究者们一直试图总结令企业"基业长青"的规律。在复盘腾讯发展历程并回顾它的整个经营战略史后,我们发现:腾讯的战略体系与很多企业的战略方法论有着相似之处。进一步提炼这种相似性后,一个观点闯入我们的观察视界——在不确定中寻找平衡。

我们发现,腾讯跌跌撞撞、一路走来的战略历程,像极了寻找稳定振幅的钟摆。初创时,毫无盈利模式的 OICQ 让弱小的腾讯吃足苦头,它凭借求生欲,牢牢抓住"移动梦网"这根救命稻草。可后来,这种模式的单一性又引发了新的恐惧,"不能把鸡蛋放在同一个篮子里"的想法驱使它四处征战、不断模仿。直到触碰到另一个极端的边界,它才回过神来审视自己,慢慢找到真正适合自己的发展节奏。

奇妙的是,在企业战略理论的演化进程中,各理论流派的观点也同样像钟摆一样振荡不停。20 世纪 60 年代到 80 年代,钟摆指向外在环境,以迈克尔·波特为代表的定位学派占据主导地位,他们认为企业"如何取势、如何定位"决定着企业能否成功。而 80 年代后,受石油危机的影响,钟摆开始指向企业内部,以组织、流程等为核心的能力学派逐步崛起。而到了 21 世纪,科学技术日新月异,大环境变化多端。这时,以明茨伯格、W.钱·金和莫博涅为代表的结构学派摆脱桎梏,在内因与外因之间找到了某种平衡。至此,寻求价值创新和适应型战略开始成为新时代的战略代名词。

不过,战略所追寻的平衡并非一种稳定、静止的状态,准确的说法应当是一种"动态平衡"——包裹地球的大气层也体现了类似的性质,在活跃中维持着摇摇欲坠的平衡①。

万事万物都在探索中寻找平衡，指导企业生长的战略也不例外。就像溪流终归会奔向大海，在所有战略逻辑的汇集之处，等待我们的从来不是某种"确定的"东西。那里自有一片天地，因和果藏匿其间，看似混沌，实则生机盎然。

## 第一节　腾讯躲过的战略陷阱

战略贯穿于企业发展的始终。

可能有人认为，企业发展的初级阶段谈不上什么战略，可事实上企业选择做什么、不做什么、在哪里投入资源、如何行动，这些事本身就是战略的体现。我们可以不用"战略"概念来定义它们，但绝对的战略逻辑永远是先于企业行动而存在的。因此，我们可以确定地说，无论是初创企业还是成熟企业，企业的战略决定了企业的存亡。

查理·芒格曾说过，如果我知道我会死在哪里，那我一辈子都不会去那儿。在启程去探索腾讯的战略历程时，我们也试图从相反的方向出发，不去研究"为什么它做到了"，而是去看"为什么它没有死掉""它在成长中都躲过了哪些致命陷阱"。

和大多数企业一样，20年漫漫成长路，腾讯曾遭遇过无数困境与诱

---

① 1967年，NASA（美国国家航空航天局）顾问之一、英国生物化学家詹姆斯·洛夫洛克发表论文，预言火星上没有生命。他的分析依据源于对火星大气的研究。在洛夫洛克看来，地球大气不稳定的化学性质和那种"摇摇欲坠的平衡"才是生命存在的象征。

惑。回首过去,它也曾在每个抉择的十字路口踯躅徘徊,努力辨识哪条才是真正"正确"的路径。在局外人如今看来"顺理成章"的背后,其实是一次又一次的"惊心动魄"。很多时候,企业所面对的到底是危险还是机遇,当时并不能看清,灾难可能是包装得比较糟糕的礼物,一时辉煌却可能是巨大隐患的导火索。而只要出现一次大方向的误判,企业就有可能走向灭亡。

所有企业都在这样如履薄冰地行走着,腾讯亦不例外。我们粗略梳理就能发现:腾讯的幸运之处在于它灵巧地躲开了致命的战略陷阱——即使那些陷阱在当时看来美轮美奂。

腾讯看到了陷阱的真相:它们要么过于短视,要么过于僵化,要么失之内省,要么失之外察,都昭示了企业"失衡"的种种迹象。

在此,我们挖出其中具有代表性的四大陷阱,尝试给后来者一些启示。

## 初创陷阱:眼太低 vs 手太高

"眼太低"陷阱:假如初创期的腾讯对"移动梦网"形成惯性依赖,产生惰性,不再积极挖掘自身潜力,它还能找到增值业务盈利的模式吗?

"手太高"陷阱:假如初创期的腾讯对用户不够敏感,一味闭门造车设计产品,它还能"活"下来么?

史蒂芬·柯维在他的著作《高效能人士的七个习惯》中提到过一个"产出/产能平衡"（P/PC Balance）的原则。他指出人们通常会误解效能的基本定义，认为"产出越多则效能越高"，而实际上真正的效能包含两个要素——产出和产能，效能就在于产出和产能之间的平衡。

这一原则贯穿企业经营的始终，是经营管理者需要学会把握的第一个基础性平衡原则。产出通常是直接可见的，例如企业利润；而产能则不一定，它们通常代表用于生产的资产或生产的能力。在企业初创期，如何把握这两者之间的平衡至关重要。

如果企业经营者太过短视，只盯着近在眼前的利益，并且只谈利益、罔顾其他，那就是只看到产出，俗称"眼太低"。陷入这类陷阱的企业通常不惜杀鸡取卵也要追逐最大化的经营利润，却忽略了构建自身产能，最终企业势必难逃昙花一现的结局。

这样的例子多不胜数。每当市场风云变幻、投机热潮澎湃之时，总会有一大批企业前赴后继逐浪而来。对腾讯来说，它在初创期也曾遭遇类似陷阱。兴起于 2000 年的 SP 浪潮席卷整个中国，它一方面挽救了包括腾讯在内的一大批渴求盈利的互联网企业，另一方面也向它们伸出了携带"诱惑毒素"的橄榄枝。SP 业务潜藏着太多灰色基因，对获得短期利益有极大帮助，但长远来看，寄生于中国移动的获益模式可持续性并不强。事实最终也证明，在后来中国移动收回 SP 业务的"清逐"活动中，一些严重依赖 SP 的服务商遭遇重击，迅速衰落。从极盛到极衰，短短不过两三年。

而腾讯的清醒之处在于：它一直没有放弃对自身盈利模式的积极探

索,因此在 SP 危机骤临时,才能凭借自身增值业务的成长,侥幸躲过一劫。

那么,太执着于效能钟摆的另一端又会怎样?如果经营者过于重视构建自身能力,而忽略了眼前产出呢?我们通常把这种状况称为"手太高"。一些比较"理想主义"的创业者可能会陷入类似的困境。

企业在初创阶段必须将焦点集中在"如何活下去"。即使企业拥有雄厚的技术能力和资本,在初创期也必须聚焦于用户的实际情况,探索产品存活的可能性。再高端的技术也需要与用户的具体需求相结合。同样,企业战略也隐含着类似逻辑:画大饼是无用的,哪怕这张大饼中动辄涉及高精尖的技术指标,它也仅仅是看起来美妙罢了。

而且随着人们对产品开发的理解逐步提升,我们开始明白:复杂系统很难被自上而下设计出来,它需要"在运行中发现自身成长的秘密"。

腾讯在 2003 年前后遭遇了类似陷阱。当时腾讯正处于探索网游业务的初期,出于对游戏技术与精美度的"理想化"追求,腾讯代理了当时代表全亚洲最高技术水平的韩国网游《凯旋》。可是,这精致的画面和超强的 3D 引擎并没有换来预料之中的热捧。《凯旋》对电脑配置和网络带宽的高要求导致画面流畅度无从保证,而当时的国内玩家对画面精致度需求其实并不高。这意味着腾讯把资源花在了不该花的地方,游戏战略初探失败。

不过,正是这次失败令腾讯醒悟到:只有充分"接地气"、紧贴用户需求的产品才能获得生机。由此腾讯走上了更为务实的产品道路。其后,腾讯游戏以 QQ 休闲游戏为切入点,从游戏巨头们看不上的小游戏做起,采取侧翼战略,一步步登上了游戏王国的宝座。

从来没有最好的战略,只有最适合的战略。要结合当时的环境、用户需求,建立合适的盈利模式。唯有如此,方能长久。

## 成长陷阱:资本驱动下背离初心

"价值背离"陷阱:假如成长期的腾讯在上市后背离了"以用户价值为依归"的经营理念,它现在还能屹立不倒吗?

管理大师德鲁克曾一针见血地指出,企业存在的理由就是"创造顾客"。没有顾客需求,市场就不复存在,企业自然也就没有存在的理由。例如,医药公司的存在理由是人们需要健康,他们生病后需要药品来解决自己的健康问题;而食品饮料公司存在的理由是人们需要吃喝来满足生存下去的生理需求;没有一家公司不是因为人们的需求而诞生的。

但当企业获得融资以后,资本的逐利性让其发生了潜移默化的改变。一些企业开始逐渐背离它们创建时的初衷。或者换个说法,它们没能理解之前获得成功的根本原因。

充当事后诸葛亮容易,看清当时的事情真相却极其困难。

企业经营史上有一个经典的案例发生在 20 世纪 70 年代。当时美国普强公司生产的新药——帕纳巴十分畅销,但美国食品药品监督管理局发现这种药的副作用能致人死亡。普强公司的特别董事会在讨论之后,居然做出了"继续销售"药品的决定,并且他们还在法庭上为自己辩护。而这一切仅仅是因为药品撤市时间每拖延一个月,公司就能多挣100万美元。事件消息披露后,整个美国为之震惊。

宾夕法尼亚大学沃顿商学院的教授阿姆斯特朗专门设计了一个角色扮演的实验,来研究为什么会发生这种情况。当他询问那些没被卷入事件的人,告诉他们发生了什么,问他们会怎么做时,97％的人表示会将药品撤出市场。

但可怕的是,当实验者转而扮演起普强公司董事会成员后,同样的问题却得到了完全相反的答案——没有人认可将药品撤出市场。普强实验在十多个国家重复了近百次,结果大同小异。每一组扮演董事会的人都认为这体现了公司的本分,即确保股东利益的最大化。

是不是很荒诞?以满足顾客健康需求为存在理由的公司,最终为了自身利益竟置顾客健康于不顾。IBM 前 CEO 郭士纳也在他的《谁说大象不会跳舞》一书中毫不留情地批判过那些狂热的短期投机主义者。"实业家做出不切合实际的承诺,公司执行官也变得贪婪起来……"

当然,普强公司的案例是比较极端的。更普遍的一种状况是,企业在追逐规模的过程中迷失了方向。当某一项业务陷入增长瓶颈时,企业通常会积极地向其他相关领域扩张,或者干脆进入一个自己并不熟悉的领域,以期获得全新的增长引擎。

但事实证明,企业的多元化策略往往很难成功,它们大多低估了不同领域间的差异性,低估了自己需要克服障碍的难度。在没有切实、慎重的研究和考量的前提下,任何为了扩大规模而做出的努力最终难免"竹篮打水一场空"。

自 2004 年上市以来,腾讯也一度在资本驱动下积极探索各类相关领域。它将跟随策略施展到极致,不断延展自己的触角。这样的战略行动得罪了许多业内同行,招来许多谩骂。遗憾的是,其中许多尝试也以失败告终。

不管是出于多元化尝试,还是为了价值探索,或者是为了降低对单一业务的依赖,腾讯都用亲身实践告诉我们,在任何时候都不要忘记聚焦业务、聚焦产品。

对腾讯而言,能够避开这一陷阱的主要因素大致有两个:一是以产品经理为导向的组织制度极大激发了组织体"用户导向"的服务理念;二是腾讯掌舵者马化腾务实的性格。在资本最狂热的时候,领导者保持清醒的判断至关重要。

## 转型陷阱: 恐龙灭绝的启示

"组织僵化"陷阱:假如转型期的腾讯没能及时调整组织结构,或者在调整的过程中遭遇巨大的内部阻力,它后来的战略还有实施的可能吗?

企业在成长到一定体量时,非常容易为自身的体量而感到欣喜,同时也容易在追求体量的过程中陷入组织僵化的陷阱。很多骤然倒下的巨无霸并不是没有看到大势所趋,但是当它们想要寻求转型调整时,内部组织的抗拒力早已胜过了变革力,倒下的结局就成为必然。

生物界中恐龙的灭绝就演绎了相似的逻辑。

大约 2.5 亿年前,火山频频喷发,空气中氧气大幅减少而二氧化碳大幅增加,地球变成一个超级巨大的温室。海洋污染与极端缺氧造成 95% 的物种灭绝,这就是"二叠纪灭绝事件"。

恐龙在这次灭绝后不久诞生,它拥有和鸟类相似的"气囊系统",能够在稀薄的空气中存活。当时拥有这种呼吸系统的动物只有恐龙。于是依靠缺氧环境的优势,恐龙一族快速繁荣起来。不过,由于恐龙内部构造的变温性特点,它选择了"大型化"的进化之路。不断壮大的体型使恐龙在称霸四方的同时也埋下了灭绝隐患。当下一次环境变迁来临时,体型较小的动物大部分都存活了下来,"只有"恐龙全军覆没。

能够适应某一个特定环境的内部构造不一定能适应另一个环境。如果对某种内部构造和能力过分依赖,那么当变化骤临时,一旦构造和能力无法及时调整,企业就会迎来突然的死亡。从恐龙灭绝中,我们可以看到组织战略变革的三大风险:

1. 组织与战略不匹配

恐龙一开始能在缺氧的环境下存活下来并快速繁荣,是因为它恰好与当时的环境相匹配。不过,环境是会不断变化的。企业在不同的战略阶段,或者说在不同量级的时候,需要的组织架构是不一样的。如果组织结构和战略阶段不匹配,目标就无法完成。

2. 组织缺乏灵活性

进化论告诉我们,物竞天择,适者生存。恐龙没有逃脱灭绝的命运,正是因为它无法适应环境的改变。

通常情况下,战略改变了,就要做出相应的组织变革。外在环境越不可预测,组织内部就越要保持灵活,只有灵活才能带来真正的确定。如果组织是一潭死水,没有任何活力,它离崩溃也就不远了。规模越大的企业,流程越是固定,就越容易成为"恐龙",陷入无法改变的窘境。

3. 战略与企业文化不符

庞大的恐龙有着坚硬的外壳,但却没有一颗柔软的内心。企业文化如果像恐龙身躯那样坚硬,就注定会成为战略调整的阻力。企业文化应该像水一样,具有强适应性,既有千种变化,也能保持内在精神的一致性。企业要用不同的文化形态去支撑战略,为战略落地开航,而不是去阻挡战略道路。

一家企业的组织变革常常反映了它在战略层面的调整。转型不是口号,它其实是一种组织能力。向什么目标转型?有哪些利益相关者?动力在哪儿,阻力又在哪儿?是否能够解决?有哪些资源支持?衡量成败的标准是什么?组织变革必须回答这一系列的问题。

我们看到,腾讯在发展的过程中经历了三次重大的组织变革,小型的组织调整更是持续不断、无从统计。每次大转型都对应着一个大的阶段性战略调整。三次重大组织变革如下:

第一次组织架构调整,战略初探期,配合"虚拟电信运营商"战略:R线、M线、职能线。

第二次组织架构调整,战略发展期,配合"在线生活"战略:B0~B4、O、R、S线,意味着事业部制度形成。

第三次组织架构调整,战略成熟期,配合"连接一切"战略:成立微信事业群(WXG),撤销腾讯电商控股,电商业务并入京东,O2O业务并入微信。

腾讯营造了一个巨大的磁场,令身在其中的铁屑能够始终以战略目标为核心保持队形。可它是如何顺畅地完成这些转型调整并保持组织战斗力的? 在本书中,或许你能看到问题的答案。

## 成熟陷阱:路径依赖的两极化

"路径依赖"陷阱:假如成熟期的腾讯固守优势,拒绝无谓的资源投入,不再积极挖掘扶持新项目;或者,假如它被恐惧所驱使,拒绝开放,继续保持封闭扩张的态势。它还能成长到今天的体量吗?

如果把路径依赖也看作一个钟摆,它的其中一端摆向对成功的依赖,另一端则指向对失败的恐惧——一种逆向依赖。很多企业倒下并不是因为它们做错了什么;恰好相反,它们选择了看似绝对正确的道路,却在这些康庄大道上莫名其妙地栽了跟头。

能渡过初创阶段成长起来的企业,大多拥有至少一次大成功的经验。而人性本身倾向于放大主观优势,弱化客观机遇。于是,沿着曾经成功的路径行走,不断重复自己,就成为某种特别保险的战略。

经济学告诉我们,成功的因素带来的效益是会边际递减的,会回归的,边际收益不可能永远上升。不得不面对的事实是,让企业成功的要素往往会成为公司继续成功的障碍。

有句话叫"成功者的诅咒",说的就是这个意思。一个人的成功会让他的心智模式变得固化,自以为是,缺乏反思,当环境发生变化之后,他如果沿用之前的心智模式思考问题,用以前的方式处理问题的话,很容易导致失败。

人们时常讨论的战略平衡,也并非一种四平八稳的静态均衡,而是在动态流转中不断调节,于即将失衡的危机中寻找平衡的过程。美国《连线》杂志创始主编凯文·凯利在《失控》一书中描述过这种状态:"对于创造而言,均衡即死亡。然而,没有事物能既处于平衡态又处于失衡态。但事物可以处于持久的不均衡态——仿佛在永不停歇、永不衰落的边缘上冲浪。"战略也是如此,依赖终将走向灭亡,而变化才是永恒。

## 第二节 腾讯的战略根基

如果不是每次都能化险为夷,或重启成功,那就没有今天的腾讯了。在风云变幻之时,仍有一些坚实的因素让企业能够经受磨砺,顽强生存。人们常常把这些因素称作"根基"。有意思的是,每个企业的根基都有着不同的特点和表现方式。

战略根基,有时候是企业在成长中自然内生而成的;有时候,是受到外界因素的影响,或者通过借鉴他人的经验,进行自我创新演化而成的。战略根基也不是一蹴而就的,而是一个持续渐进的过程。通过对腾讯战略根基的总结,我们希望能够给大家提供更多的参考和借鉴。

## 一切以用户价值为依归

"The customer is always right."这句话是由马歇尔·菲尔德百货公司的创始人马歇尔·菲尔德提出的。传入中国后,常被翻译为"顾客就是上帝"。从19世纪至今,这句营销理念影响了一代又一代企业家,也衍生了许多不同角度的理解。

时至今日,从工业时代到互联网时代,以及正在到来的物联网时代,这一理念仍然熠熠闪光,成为各行各业的灯塔。腾讯正是因为深谙用户之理,才得以在狂风巨浪中屹立不倒。

用马化腾的话来说:"腾讯从做一款产品起家,在早期的激烈竞争中得以生存下来,除了各种运气,关键在于'一切以用户价值为依归',一心只想做好产品体验。随着企业步入成长期,员工数量剧增,我们开始学习用更专业、更人性化的方法助力员工的发展。自始至终,用户、员工都是我们的两条生命线。"

不论是在腾讯内部,还是在外界对于腾讯的评价中,对用户价值的谈论次数都是最频繁的。也只有不断地重复提及和优化,才能让这一理念深入人心。

也许有人会质疑,以用户价值为依归是所有企业的通用法则,也是所有人都知道的道理,不值得被反复提及。这种质疑的想法并不成熟,世间道理大概相似,但各人有各人的实践。在这里,大家可以看到腾讯的干法,也可以感受到用户价值的巨大能量。或许学不来腾讯以用户价值为依归的具体技巧,但我们能够坚定信念,借鉴思维,从用户身上找到答案。

## 活在当下

我曾经到一家小企业考察,看到一个奇怪的现象:该公司的主管和员工都在画公司战略图。我感到非常震惊,随口问道:"你们为什么要画战略图?是公司要求的吗?"

员工回复说:"公司要求每一个人都考虑公司的发展,对公司战略的了解程度是我们绩效考核、晋升、考评体系的重要标准之一。"

我继续问:"如何理解公司战略?公司处于哪个发展阶段?公司的核心业务是什么?"

面对这些问题,员工们面面相觑,没有人能够回答。

接着我了解到,在这家公司,一两个月就会开一次战略会。在会上,大家一起讨论公司的发展方向,而且每次讨论都会做出新的战略规划。好笑的是,这次会议上确定的路线方法,下次会议就被否决了,然后又敲定新的办法。如此来回往复,浪费了许多时间和精力,出不了实际成绩。

而更可怕的是,在全员做战略的时候,每个人都在踩空,没有人去做实事。企业战略，乍一听感觉很高级。人们也常以为，研究战略是一件高水平的事情。因此，有的公司天天把战略挂在嘴边，常常搞一些形式化的事件。

战略大会天天开，甚至一天一个样，却没有人真正地去执行。这样的结果就是，战略好似空中楼阁，即便再美，也起不到任何实际效用。然而，从腾讯的几次战略调整中，我们都可以了解到这家企业脚踏实地的作风。

腾讯的每一个战略，都是从当下出发，满足当下的环境，能够解决实际的问题，可行性很强。比如，在盈利探索期，腾讯以生存为战略目标，尝试了多种办法，尽管有错有对，但最终打破了过去无法盈利的魔咒；在转型期，腾讯践行开放战略，就是用开放去打破过去的封闭。只有抓住当下，才能及时改变，避免空洞，从而掌握自己的命运。

## 联动力

哈佛大学商学研究院教授迈克尔·波特在对"战略"进行定义时认为，战略就是企业在各项运营活动中建立一种配称。这种配称能够让企业建立一种独特的可持续的定位和竞争优势。

这句话有两个概念：第一，战略要有独特性，要与众不同，如果没有与众不同的差异化，就没办法和市场同行建立区别，也就没有竞争优势。第二，差异化是由一系列运营行为组成的，战略不只是方向目标，还是路径上的各种小目标，以及相应的达到目标的路径和运营行为之间的匹配。

波特认为,如果各项活动之间缺乏配称,战略也将失去独特性和可持续性。

从腾讯的每一次战略行动中,我们都能够看到各部门、各环节的相互匹配,相互联动。比如,提出"在线生活"的战略目标后,腾讯改变了logo,调整了业务,不管是研发、运营,还是公关、行政,都一致行动,贯彻"在线生活"理念,做到统一解读、统一传播。这样的做法和华为提出的"力出一孔"类似,即力朝一处使,劲往一处打。只有全员践行,全体联动,才能够将战略落到实处。

而今,腾讯已走出内部,朝着联动外部力量的路径前行。2014 年前后,马化腾提出"连接一切"的"互联网＋"主张。他认为,连接是互联网的本质,而腾讯具有促进延伸的能力,即"连接力"。可以看到,腾讯正在各个领域进行战略布局,扩大连接力。

马化腾坦然地表示:"我喜欢自留'半条命'这个说法,把另外'半条命'交给合作伙伴。腾讯并不希望成为一家传统意义上的大公司,而更渴望生长进化成一个共享共赢、没有边界的生态型组织。我坚信,'合作伙伴'是一个生态型组织里与用户、员工同样重要的第三条生命线。大家命运与共,将会形成一个真正的新生态。"

可以期待,现在和未来,腾讯将实现战略的内外匹配,发挥更强大的联动力,实现与个体用户的"细胞级连接"。

**站在未来看未来**

企业管理中有一个经典的问题:"do right things"还是"do things

right"？即"做正确的事"和"正确地做事"，哪个更重要？这在日常生活中没有绝对的标准答案，"做正确的事"也许可以让我们少走弯路，"正确地做事"也往往能从细节入手创造极致的效果。

对于企业来说，"do wrong things well"可能是最糟糕的结果了。不管是南辕北辙还是北辕南辙，都是错误的。战略就是对方向的选择，方向错了，一切都无济于事。那么，方向又是什么？方向就是未来。

简单来说，战略就是能够站在未来看现在，看清未来趋势，知道如何去构建战略达到目标，填补现在和未来之间的差距。战略要看眼前，但更要看见未来。很多人习惯站在现在看未来，这样的思维已显陈旧。企业真正需要做的，是站在未来看未来，用未来的眼光和思维去考量未来的世界，这才是思考战略的正确思维。

如今，时代变化越来越快，想要看到 10 年后的世界基本是不可能的，企业很难去预测接下来会发生什么。能够看到未来 1～3 年的场景，已属不易。企业要做的，是以更快的速度抓住市场变化，结合趋势、用户、对手和自身情况，及时做出调整和改变。

我们可以看到，腾讯站在未来看未来，提出了"开放"和"连接"的战略规划，并正在一步步向前迈进。而且可以预见的是，这两大战略核心将释放出强烈的生命力，助推腾讯走得更远更久。

第二章

# 战略初探期：
# 生存还是毁灭？

马化腾这一代的互联网创业者被称作中国的"第三代企业家",他们身上有两大特点:一是有知识,二是草根。

　　张朝阳和李彦宏都是名校留学归国,马化腾是个国内高校的学霸,而看似成绩最差的马云也说着一口流利的英文。和他们一起创业的,不乏高学历的优秀人才。充足的知识储备,让这群人站得高、看得远,能够找到新的机遇。

　　然而,草根就意味着,什么都没有。这就注定了他们必须从零开始,一路坎坷。在他们中间,张朝阳、李彦宏这样的留学派能够带着国外的风投创业,有一定资金保障,在初期相对过得好一些。马化腾就比较惨了,没有钱,也没有资源,前路漫漫,可谓"最草根"。

　　正因如此,腾讯遇到了创业中许多想得到和更多想不到的问题。宝贵的是,它一一走过,留下了可供人借鉴的经验教训。有人说,腾讯没有战略,其实指的是腾讯在初期没有故意去做战略规划,但并不等于说它脱离了战略在发展。相反,腾讯在"摸着石头过河"中学习战略、领悟战略,这才使得它在之后建立了自己的生态圈。

在看腾讯战略的时候,就像在看一个跌跌撞撞的人。他撞过头、流过血,即便东倒西歪,也从未倒下。随着成长,他走得越来越稳,能够抵挡更大的风雨。此时,伴随着剧烈的摇晃,这个"人"的路程开始了。

## 第一节　用战略的眼光看自己

战略不是看见眼前,而是看见未来。怎样才能看见未来?第一步,就是要看见自己。如果看不见自己,就看不见可以对标的对手,也看不见用户,更谈不上看见趋势。用战略的眼光看自己,是对自己的重新认识。而对于刚诞生的腾讯来说,一切都是崭新的,它还需要花时间去了解自己。

如果用一句话描述初创的腾讯,可以说,它是一只连接着过去又善于捕捉当下意外的太阳鸟。

### 连接过去

创立腾讯,是马化腾对过去的连接。

腾讯的第一个产品,叫作"无线网络寻呼系统"。我们不妨用几行字来介绍一下这个让人摸不着头脑的产品——这是一款软件系统,就是把刚刚兴起的互联网与当时非常普及的寻呼机联系在一起,终端用户能够在呼机中接收到来自互联网端的呼叫,可以接收新闻和电子邮件等。这款软件的主要购买者是 B 端(企业端)的全国各地寻呼台。B 端生意就意味着,每笔订单单价较高,但订单量极不稳定,很可能签一单吃一年。

互联网与寻呼机,就是马化腾的过去。1993 年,从深圳大学计算机专业毕业后,马化腾进入润迅公司。这是一家以寻呼台服务为主业的企业,短短数年就成为中国南方最大的寻呼台服务公司。在这里,马化腾从程序员做起,之后当上了主管。5 年时间里,他每天都在和寻呼机打交道。

与此同时,他也在和互联网亲密接触。1995 年 2 月,马化腾开通了惠多网的深圳站,起名 ponysoft,被用户称作"马站"。惠多网,英文原名为 FidoNet,1984 年诞生于美国,是一种 BBS 建站程序,通过电话线连接,以点对点的方式转发信件。在网络尚未发达的年代,只有互联网技术爱好者才知道这个玩意儿。因此,惠多网成为当时互联网技术发烧友聚集交流的虚拟场所。

1995 年,马化腾花了 5 万元建立了一个惠多网的豪华站点,并且悉心照顾多年。1998 年,在构想第一个产品的时候,他自然地想到了利用互联网。或许当时的他还不知道互联网到底有多大能量,但他清楚这是一个好东西。

此外,他组建的创始团队,也和他的过去有着千丝万缕的关系。在创始团队的 5 个人当中,有 4 个是马化腾的同学。其中,许晨晔是他从初中到大学的老同学,陈一丹是他的高中同学,而张志东是他的大学同学,4 个人从初中到大学一直是校友。创始团队的另一个人,是许晨晔在深圳电信数据通信局的同事。

当13岁的转校学生马化腾遇到从天津来深圳的少年许晨晔时,谁都没想到他们会在10多年后一起创业。人们往往把这样的关系叫作"缘分",缘分让这些旧朋友碰在一起,撞出了一丝火花。

这丝火花的名字,叫作腾讯。

## 太阳鸟

腾讯的诞生,是对旧资源的连接。而有意思的是,这些连接最终变成了创新。埃米·威尔金森在《创新者的密码》一书中,将创新者分为三种类型,分别是太阳鸟、构架师和整合者。

马化腾第一次做的,就是将互联网和寻呼机这两种已经存在的元素整合在一起,试图创造出一种新的系统。他把自己玩过的两个产品结合到一起,希望整合出一个新的产品。

对于很多尚未接触互联网的人来说,这是一个充满未知的冒险地带。但对于马化腾来说,这是一个熟悉的领域。因此,自称做任何事情都不喜欢冒险的马化腾在自己的安全地带做起了生意,服务的便是成熟的寻呼机市场。

在一个已经呈现出疲态的市场,再有多少新创意,都难以挽回大势。"无线网络寻呼系统"就像一个用鸡蛋碰石头的孤胆英雄,在经过了艰难的努力之后,终究还是随大势而去。整合者马化腾,失败了。但或许就在此时,马化腾已隐约感觉到,自己是一个太阳鸟式的创新者。当然,他不会有如此精准的判断,但他的直觉正在指引他。

太阳鸟,是一种原本生长于非洲、亚洲和部分美洲地区的小鸟,它们主要依靠花蜜生活,常常在花丛间翩翩起舞,在不同的花朵之间转移花粉。埃米·威尔金森认为,太阳鸟从现已存在的某些东西中获取资源,并把这种模式迁移到创造新事物的过程中。它们跨越地域和行业的局限,对现已存在的概念重新定位,赋予其新的形态,并使其重获生机。

而太阳鸟式的创新者发现机遇的方式是,对一个领域的解决方案进行移植,以满足另一个领域的需求。即改变原有的方案,去适应新的需求。比如,霍华德·舒尔茨把意式咖啡引入了美国,并做了诸多适合美国消费者的创新改变,从而创造了星巴克的辉煌。

中国早期的互联网创业者,有许多是太阳鸟式的人物。他们把其他国家的优秀产品"挪"到中国,对其进行修改,推向市场。比如百度对应谷歌,阿里巴巴对应亚马逊。那时候,想在中国做搜索、做电商的不止一个李彦宏或马云,但只有他们成功了,这其中考验的就是创新者的改变能力。

太阳鸟式解决方案移植的距离越远,取得突破性成就的可能性就越大。差距可能收窄,引发持续的革新;差距也可能变宽,从而创造出更新奇的事物。对于中国的创业者们来说,不论是跨过太平洋从美国移植技术,还是跨过中亚大陆从以色列移植技术,距离都非常遥远,这倒是一件好事。

当然,在国内也不乏构架师那样的创新者。但由于市场不够成熟,他们走在最前面,反而成了牺牲者。所谓构架师,就好比小说家,他们天马行空,能够凭空造出一个前所未有的新领域、新世界,并建立周密的解决方案和制度。

比如,和马化腾一样对宇宙星空着迷的埃隆·马斯克,他凭空想象出了"火星绿洲"计划,并为此成立了 SpaceX 公司,造出了世界上第一艘由私人公司研发的航天飞船——"龙飞船"。无疑,马斯克这样的奇才是极少的,世界上更多的创新者都是在已有的元素上进行改变或者整合。

## 捕捉意外

现在的网络上,人们常常可以听到某款产品或者某个人在"不经意"间走红,当事人总是云淡风轻地谈起这是"一次意外的机遇"。这些所谓的"意外",有的是真的,有的是假装的。而腾讯,拥有捕捉意外的天生本领。

早在 1994 年,马化腾就是在一次意外中发现了惠多网。他曾回忆称:"瑞星是做杀毒软件的,它有一个电子布告栏,可以用调制解调器(modem)拨号上去,下载更新的软件,我就是在那里了解到了惠多网。"于是,这次意外让他开启了互联网新的大门,让他拥有了马站站长的身份。

1988 年 8 月前后,马化腾在广州电信的信息港上"冲浪"(早期对"上网"的代称),无意中看到了一条招标新闻:广州电信想要购买一个类似 ICQ 的中文即时通信工具,正在公开向全社会招标。

马化腾真的是在无意中看到这条消息的吗?如果不是为了找业务做,他何必要去看电信局的消息?我们有理由相信,在找到这条消息之前,马化腾已经在互联网上搜索了成千上万条信息。只不过,他意外从中捕捉到了这一条。如果马化腾没有保持搜索的习惯,这个机会就不会从天而降。

恰好,马化腾在润迅公司工作的时候,就曾注意过 ICQ。这款产品由以色列的三位创业者于 1996 年开发完成,ICQ 即"I seek you(我找你)"的意思。通过 ICQ,用户能够在互联网上快速直接地交流,包括聊天、发送消息、传递文件等功能。

尽管知道只有不到 1% 的机会,马化腾和张志东还是决定试一试。他们闭关数日写出了一份竞标书。这款类似于 ICQ 的产品被取名为OICQ,中文名被生硬地叫作"中文网络寻呼机"。如果不是为了拿下标的挣钱,OICQ 就不会问世。

5 年后的 2003 年,QQ 秀以同样意外的方式诞生。将 QQ 秀引入腾讯的许良,被称为"腾讯历史上的第一个闲人"。他到腾讯报到时,被告知自己的职责是做一个研究产品的产品经理,但经济学专业毕业又遭遇过创业失败的他,并不了解什么是"产品经理"。由于没有新工作分配给许良,他只好东看看西看看,再找同事聊聊天。

在一次偶然的闲聊中,有人提起韩国有一个 sayclub.com 的社区网站,开发出了一个叫作"阿凡达"的功能,用户可以根据自己的喜好,更换虚拟角色的造型,如发型、表情、服饰和场景等,而这些"商品"需要付费购买。

也许是因为太无聊了,也许是因为好奇,许良回到办公室搜出了sayclub.com 网站。出于新奇,他花 400 元请人把网站的韩文内容翻译了出来。这就是腾讯第一个爆款增值业务 QQ 秀的初现。

再过了 8 年（2011 年），张小龙在 QQ 邮箱的阅读空间里无意中看到了一款名叫 kik 的新产品。而这一次的不经意，亦是张小龙无数次浏览的收获。QQ 邮箱的阅读空间类似于谷歌阅读助手（Google Reader），张小龙有一个习惯，每天都会去那里看看大家在关心什么，互联网领域又有什么新鲜东西诞生了。

这样的感觉，就好似前世的五百次回眸才换来今生的擦肩而过。如果没有之前无数次的搜索浏览，张小龙就不会想到去做微信，他可能还在黑夜里抽着他最爱的 KENT（箭牌）香烟，因为找不到可做的，心情无比复杂。


## 第二节　第一个重大战略决定

在懵懵懂懂的不经意间，腾讯做出了第一个重大的战略决定——研发 OICQ。现在回过头来，人们才意识到，哦，原来这个决定如此重要。而对于当时的腾讯来说，这只是一个尝试。

如果一个人一生的每一个决定都充满了确定性，那他的人生一定索然无味。有趣的人生，一定是在和各种不确定打交道，这样才会有惊喜，才会品尝到酸甜苦辣，享受百味人生。面对不确定，腾讯毅然决定投入其中。

## 不确定性

意外是美好的,但它又是极度不确定的。由于它的不确定性,许多人只能瞥见它,但无法把握它。杨百翰大学的两位教授内森·弗尔和杰夫·戴尔,一位是创新与创业学研究者,一位是战略学研究者,两人合著了《创新的方法》一书。在书中,他们提出,影响公司客户创造能力的不确定性有两种:一是需求不确定性(demand uncertainty),即客户是否会购买;二是技术不确定性(technological uncertainty),即我们能否提供理想的解决方案。

经常撞见意外的腾讯,就经常面对这样的不确定性。比如,许良向上级提交了关于"阿凡达"功能的报告之后,没有人回复他,因为没人知道用户是否有购买需求;而张小龙看到简单得不能再简单的 kik,不知道腾讯能否提供更好的解决方案。

具体以 OICQ 为例,初生的腾讯面对着巨大的不确定性。先看市场反应,ICQ 用了不到一年时间,就成为世界上用户量最大的即时通信软件。1998 年年底,以色列 Mirabilis 公司的 ICQ 被美国在线以 4.07 亿美元(包括直接购买的 2.87 亿美元和视表现而定的 1.2 亿美元)收购。此时,ICQ 的用户数已经超过 1000 万。然而,让所有人痛苦的是,ICQ 是一款免费工具,拥有千万用户却赚不了钱,项目一直处于亏本状态。

再看竞争者。国内,也出现过 ICQ 的模仿者们。比如,台湾的资讯人公司就曾第一个推出了繁体中文版 ICQ,起名为 CICQ。1998 年 8

月,资讯人进入大陆市场,推出简体中文版的 PICQ。几乎在相同的时间,位于南京的北极星软件公司,推出了一款类似 ICQ 的产品,名为"网际精灵"。然而,这些先行者们也无一取得成功,用户零零散散。

可以说,不管是用户需求还是技术实现,OICQ 都处于未知当中。即便如此,在没有中标的情况下,马化腾还是决定做出 OICQ,把它养起来。在《腾讯传》中,吴晓波用这样的文字还原了一部分场景:

> 五位创业者坐下来,讨论一个问题:是不是"真的"要把 OICQ 给开发出来? 在许晨晔的记忆中,这是腾讯历史上第一次发生激烈的争论:"那次,大家争论得挺热烈的,说什么的都有,主要是一点也看不到赚钱的机会。而且,前面已经有台湾资讯人、网络精灵和飞华(即广州电信项目中标的公司)在做了,市场还需要第四个'汉化 ICQ'吗? 但是,美国在线花几个亿买走 ICQ 又好像很给力。当然,大家最后还是听马化腾的。"

而马化腾决定做 OICQ 的理由,出乎意料地简单粗暴。他说:"当腾讯正式创办的时候,我们已经看到寻呼机行业令人恐惧的下滑趋势,但是又无能为力。我当时的想法是,先把 OICQ 做出来,养着,反正它也不大,赚钱还是要靠卖软件。"如果当时他能够预测 OICQ 的爆发,那就不是一个意外了。

从队伍配置上也可以看出,OICQ 并不是腾讯的战略性产品。马化腾、曾李青等人继续做旧的网络寻呼系统,而让张志东带了两个新人开发 OICQ。就这样，一个不怎么被重视的"宠物"产品被腾讯养了起来。猎人在打猎的时候，如果有多的战利品，一时吃不完，他们就会把这些动物养起来，变成家禽。如此说来，OICQ 就是当时的腾讯暂时吃不了的一个战利品。

可以说，决定养 OICQ 是腾讯第一个重大的战略决定。只是在当时，没有人意识到这一点。简单来讲，战略就是关于"做还是不做"的选择题。这一次，马化腾选择了做。对于创业者来说，最大的失败是拒绝尝试。如果不尝试，就永远到不了成功的彼岸。

马化腾的决定，理性上是基于对寻呼业务的市场预判；但从感性上来说，是出于一种直觉。在什么都不确定的时候，何不相信一次直觉呢？而这也正是创业者应当具备的潜质。

## 承受意外

1999 年 2 月 10 日，没有鲜花，也没有掌声，OICQ 的第一个版本上线。上线两个多月后，OICQ 的用户量不可控制地每日剧增。有一段时间，用户数每 90 天就增长 4 倍。在发布仅 9 个月之后，OICQ 的注册用户就已经超过 100 万，六位数的用户号已经没有了。照这样的势头，CICQ、PICQ 和网际精灵都将被远远地甩在了后面。

意外来得太快，就像龙卷风，而各种问题和考验也接踵而至。在软件发布第七个月之后，因为用户太多，深圳电信支撑 OICQ 运行的服务器已经完全承受不住了；OICQ 受到黑客入侵，用户资料遭遇危机，但腾讯的工程师还不知道如何加密,只能从头学习;由于太忙,马化腾再也没有时间管理惠多网的马站……

面对层出不穷的新问题,腾讯每天都在补漏中度过,每个人的神经都处于超级紧张状态。这是创业公司一种尴尬的常态,尤其是草根创业公司:如果没有用户,就会焦急;用户太多,压力又会很大。

这时候,如果一不小心被问题击倒,就有可能站不起来了。幸好,腾讯团队咬牙坚持了下来。买不起好的服务器,就自己组装一台"山寨机";不懂加密技术,就买工具书边学边用;网站一出问题,住在离公司400米处的程序员会在一刻钟之内赶到,以最快速度恢复运行;至少在5年时间里,李海翔、吴宵光等几个程序员寻呼机不离身,等待随时召唤……

就这样,一个又一个出现的意外,被腾讯接住了。尽管它还非常的弱小,随时可能垮掉,但正如吴宵光所言:"创业前几年,所有人都是边学边干,现在回想起来,有点后怕,不过在那时,觉得就应该是这样,不然还能哪样?"

腾讯被突然的成功打了个措手不及。彼得·德鲁克曾提出,意外的成功是一种机遇,但它也提出了要求。它要求人们慎重地对待它;它要求配备最优秀的、最有能力的人员,而不是我们随随便便抽调人员就能满足;它要求管理层给予和机遇大小相匹配的关注度和支持,机遇是值得加以慎重考虑的。

或许,创业之初的腾讯没有最强大的团队,没有充足的资金,也没有可以利用的资源,但就凭借着一股原始的热情和冲劲,他们克服了一个又一个困难,支撑OICQ站立起来。尽管颤颤巍巍,尽管常常需要抢救,但这个"嘀嘀"叫的小东西,还是活了下来,而且越叫越大声。

# 第三节　因为缺钱，所以犯错

缺钱，几乎是每个创业公司都会遇到的坎。让我们来看看腾讯曾经到底有多缺钱，才让马化腾三番五次地想要卖掉它。人有时候是脆弱的，但别人总希望他能坚强笑对。

## 死亡边缘

按照马化腾的预估，如果OICQ前3年能够达到1万个客户，那么，每年的人员开支、宽带租金和服务器费用不会超过10万元。可是，9个月用户量就过百万的惊喜，差点成了惊吓。诚如大家所了解的，在经过了用户增长的短暂喜悦之后，腾讯立即陷入了资金危机。痛苦和焦灼，总是一声不吭，说来就来。

在用户量达到100万的关口，腾讯的账上只有1万元现金了。平日里，关于OICQ的事情多得让大家没空去接其他的业务，所以"外快"也没得赚。不知不觉中，只有一款产品的腾讯陷入绝境。

研发OICQ的目的，毕竟不是单纯的兴趣，而是为了盈利，希望它能够让公司挣钱。可是，这款看似前途光明的产品让腾讯吃尽了苦头。腾讯没有现金牛来养这个明星产品，OICQ随时都可能被饿死。

1999年年底，腾讯的五位股东一致同意把股本从50万元增加到100万元。同时，五人的月薪也缩水一半。马化腾和张志东每月领2500

元,其他三人减为 1250 元。但即便创始团队集体负债,用自己的"口粮"去喂养 OICQ,也仍然远远不够。

## 没人买的"烦恼"

这时,最不愿出现的一种可能性出现了。既然养不起,不如卖掉腾讯?相信每一个想到这个"点子"的人,都被自己吓到了。但他们很快又劝说自己,既然不能好好照顾它,卖掉或许是一个更好的选择。若不然,公司如果一分钱都没有了,OICQ 只有关停,百万用户该怎么办?

一些具有英雄主义情怀的人会期待马化腾再苦再难也坚持下去,但在商业面前,他显示出了理性的一面。创立腾讯和担任马站站长是不一样的,他可以为了兴趣和情怀,一分钱不挣地为马站操劳,但在腾讯,他绝对不能这样做。

每个人都有一种被生活推着走的无力感,当然还有无法言说的窘迫。那样的窘迫,让人不知道该如何开口诉说。带着满心的不舍和低气压,马化腾、曾李青开始寻找买主。比如将要把数码商城开遍全国的深圳赛格、曾李青的老东家广东电信、北京的中北寻呼集团等。面对OICQ 这个既可爱又受人喜爱的"宠物",这些公司都不知道该如何养。当然,主要是不知道它怎么为公司赚钱。因此,马化腾四处碰壁,见的人越多,心情越沮丧。在他们看来,300 万元的"卖价"已经是亏本大甩卖了,竟然没有人抢购,反而遭到了各种质疑,这才是最让人难受的。

面对最多能出 60 万元的买家,马化腾尽管沮丧,但仍然坚持了底线。他们想要的不是尽快脱手，而是让 OICQ 活得更好，而且他们坚定地相信 OICQ 可以更好。正如电影《肖申克的救赎》里的台词所言：希望是个好东西，也许是世间最好的，而美好的事物永远不会消逝。腾讯在生死边缘挣扎的时候，如果不是心怀希望，恐怕早就因为自我否定而夭折了。

## 第一次融资

公司卖不出去，或许是因为找错了买家。腾讯刚开始找的，都是传统企业。而像腾讯这样的互联网公司，真正的金主名字叫作"风投"。风投虽然也看不懂腾讯，但是它们有钱，它们有好奇心。更重要的是，它们敢冒风险。

通过中间人的关系，腾讯联系上了 IDG 在中国的投资人王树。从没有写过商业计划书的曾李青，现学现写。然而，在这一份 20 页的计划书里面，唯独缺了投资人最关心的盈利模式和预测这一部分。可以说，就因为这一点，这份计划书的说服力就大打折扣了，说它是一份"心虚"的计划书也不为过。

有趣的是，在后来以"最懂用户"著称的腾讯，在那时根本不知道谁是用户。王树将腾讯项目上报 IDG 北京总部后，高级合伙人王功权带队南下考察。他们试图帮助马化腾想出用 OICQ 赚钱的办法，于是对他进行了"拷问"。

事实上，投资人也不知道如何挣钱。他们经过专业调研，得出的结论是,大家都在用,可是不知道用户在哪里,也不知道用户是谁,所以怎么收钱就更不知道了。马化腾给了他们同样的回答:"知道这个东西大家喜欢,但不知道向谁收钱。"如果谈共识的话,这也许算一个无奈的共识。

幸运的是,IDG同意投资。尽管不知道未来如何,但IDG愿意投一个希望。而不争的事实是,那时候的中国互联网界,拥有如此庞大用户群、增长如此迅速的公司,还没有几个。百万用户,让腾讯难以承受,但也成为腾讯唯一的筹码。

在商业计划书上,腾讯自己估值550万美元,愿意出让40%股份,募资220万美元。资金估算方法和用途非常实在,即用于未来一年购买服务器和发工资。毫不夸张地说,220万美元就是腾讯的救命钱。

最终,与IDG一起投资的,还有李泽楷创办的香港盈科,两家公司各投110万美元,各占股20%。此外,IDG还提出了对赌条款,在协议签订后,先投一半的资金,如果腾讯在一年内没有达到规定的用户数量,另外一半的钱就不给了,但IDG仍然占20%的股份。在谈到回报的时候,投资人是残忍的,他们只给你一次冒险的机会。然而,已然饿得奄奄一息的腾讯没有讨价还价的机会。

如果问腾讯为互联网行业做了什么,那答案应该是探路和试错。如果没有腾讯在前面,现在的投资人可能还是不敢轻易投一个不知道怎么赚钱的生意,大家也不会认识到不赚钱但有用户的魅力所在。如今,大量有用户但烧钱的项目能够很快获得投资,有部分原因就是腾讯创造了信心,让人们看到了可期的未来。

## 时刻思考盈利模式

2000 年 4 月,投资协议完成签订。首次接触资本的腾讯,在这一轮战役中险胜,但它依然焦虑。一方面,腾讯在一年多的时间里,听到了太多关于盈利的质疑;另一方面,获得投资后,它想要尽快证明自己的实力。因此,腾讯开始尝试赚钱的方法。

2000 年 8 月,OICQ 的页面上第一次出现了旗帜(banner)广告,客户每投放一天需花费 2 万元到 9 万元不等。但由于 OICQ 展示页面面积小,而且用户年龄偏低,广告的效果和推广不冷不热,处于偶尔还不错,经常很一般的状态。

让人稍感欣慰的是,2000 年 11 月,腾讯推出 QQ 2000 版本,标志着 OICQ 正式改名 QQ。尽管改名的原因是遭到了美国在线的起诉①,但不得不说这是件因祸得福的事情,QQ 比 OICQ 亲切可爱了太多。

新版 QQ 除了更改名字,还增加了一项付费会员服务,名为"QQ 俱乐部"。用户只需花 10 元钱,就可以成为会员,拥有网络收藏夹和好友列表保存等功能,还可以拥有一个"靓号"。这些都是普通用户无法享受的服务。

客观来讲,会员服务是一种比较创新的变现方式,但腾讯提供的"礼

---

① 1999 年 10 月,美国在线(American Online,ICQ 的收购方)向美国的地方法庭状告 OICQ 侵犯了 ICQ 的知识产权,要求腾讯停止使用 OICQ. com 和 OICQ. net 域名,并将之归还给美国在线。

2000 年 3 月 21 日,仲裁员詹姆士·卡莫迪签署了仲裁判决书,判定腾讯将 OICQ. com 和 OICQ. net 域名归还给美国在线公司。

包"却是非常传统的。以"靓号"为例,所谓靓号,是为了迎合中国用户对数字的迷信,比如人们更喜欢数字 6 和 8,而不是 4 和 7。另外,拥有一个简单好记又漂亮的 QQ 号可以成为一种炫耀的资本。这种方法是国内传统的电信商最常用的,效果还不错。

然而,学习电信商的 QQ,却没有得到想要的结果。该业务推出后,腾讯用了各种推广办法,包括发小卡片,到市区和大学校园地推等。大家很卖力,但每个月只有几百个用户愿意加入,月收入仅两三万元,半年内只发展了 3000 个会员。数据证明,此路不通。

紧接着 2000 年,腾讯打起了企业的主意。这年年底,腾讯推出面向企业的 BQQ(即 Business QQ)版本,这一版本增加了视频网络会议、讨论组、短信群发等适合企业使用的功能,保留了 QQ 的文字、音频视频通信、文件传输等功能,又做了权限设定,可以控制上班聊天现象。但让人气馁的是,企业用户也不买单,他们或者嫌弃 QQ 太"幼稚",或者就是不愿意付费使用,说不出理由。

就连投资方盈科也替腾讯想了一个办法,他们找到香港导演王晶,想将腾讯的用户与电影业结合。这一超前的想法,直到 2015 年腾讯影业成立才彻底实现。在当时的情况下,那只是个感觉美好的梦。

花了很多心思,盈利模式还没踪影,缺钱的危机倒是又来了。虽然还没有到约定好的一年后,但 IDG 坐不住了,盈科则陷入了自己都缺钱的境况。一方面,国内外互联网投资大环境的衰落影响了两家投资方的判断;另一方面,腾讯盈利遥遥无期,让人没有耐心。两家投资方几乎同时产生了要卖出腾讯股权的想法,而它们也这样去做了。

这一次，拒绝腾讯的名单里又多了搜狐、雅虎中国、金蝶、中公网、联想集团……尽管腾讯有望在半年内拥有超过 1 亿的用户，但仍然没有"金主"懂它。

让腾讯再一次感到幸运的是，2001 年春节前，南非投资集团公司 MIH 主动找上门来。其在中国业务部的副总裁网大为，是一位说着一口流利汉语的外国人，更重要的是，他懂腾讯。在所有人都怀疑腾讯的时候，网大为见到 QQ 的第一眼，就判断其背后的公司是一家"伟大的互联网企业"。

千金易得，知音难寻。对于一个新生企业来说，有人懂比有钱更让人感动。经过几方多轮谈判，腾讯此轮融资的估值为 6000 万美元，IDG 决定出让 12.8％股份，保留 7.2％，急于套现的盈科则卖掉了全部 20％股份，"接盘侠"MIH 就得到了 32.8％股份，成为腾讯第二大股东。

MIH 的到来，让腾讯在 2001 年度过了一个不那么担惊受怕的春节（正式入股时间为 2001 年 6 月）。2001 年 5 月，QQ 注册用户达到 1 亿。

至此，腾讯经历的一切，它的无助、难过、委屈、窘迫和绝望，1 亿用户一无所知。在他们心里，腾讯就是电脑桌面上的那只小企鹅，对于其他，他们一概不知。他们不知道，为了让大家能够继续网上聊天，腾讯经历了九死一生。他们不知道，这只企鹅闯过了一个又一个惊心动魄的鬼门关，才能在桌面上对他们温暖地微笑。而且糟糕的是，他们还误以为，养这只企鹅的公司应该非常有钱。

## 战略错误

如果不是 QQ 收费制,腾讯和用户之间还会隔着一层纱。不过,两者的第一次见面并不愉快,只能用不打不相识来形容。

2001 年 2 月,QQ 的每天新注册人数达到了创纪录的 100 万,腾讯的服务器受到巨大的压力。这样的结果就是,腾讯每天放出 10 万个 QQ 号,但抢注的人太多,导致成功率只有 2% 左右。不管是对于服务器,还是用户体验,这样的状况都不太好。

于是,腾讯朝注册收费迈出了一小步。每个月,腾讯只放出 40 万个 QQ 号(原本是 100 万个),并鼓励用户通过拨打 168 声讯台或发送手机短信的方式来获取 QQ 号。按当时的电话收费标准测算,用户获得一个 QQ 号约需支付 1 元钱。虽然腾讯没有说必须打电话申请 QQ 号,但用户们发现,用以前的老办法几乎不可能注册到免费的 QQ 号。

此消息一出,用户很快陷入了紧张和恐慌之中。可以说,那时人们在网吧抢注 QQ 的"盛况",比后来人们排队买苹果手机还要壮观许多。

麻烦又收费的电话注册方式,屡试屡败的网络申请,耗尽了用户的耐心,不满情绪与日俱增。接连有媒体公开发表文章指责腾讯的收费行为,直指腾讯"在不恰当的时候,以不恰当的方式,在不恰当的项目上收取了费用""太不光明磊落",建议其"该反思一下了"。

在舆论的推波助澜下,用户们被彻底激怒。面对媒体和用户的讨伐,马化腾却坚持了收费的策略:"腾讯不会被骂死,但是肯定会因找不到盈利模式而失血致死。"可是,1 亿用户无法体会他的身不由己。在用户心中,"有钱"的腾讯太贪婪,但实际上,它做出极端的举动,只是为了基本的生存。

2002 年 3 月,腾讯朝着收费迈出一大步。公司宣布将推出"QQ 行靓号地带"业务,出售 QQ 号码使用权。用户选择该项服务,就能获得 5位、6 位、8 位靓号以及生日号码的使用权,并享用 QQ 会员功能。到 9月,"QQ 行"号码正式向全国用户发售,每月收费 2 元。同时,免费号码和一次性号码申请基本停止发放。

这是第一次,也是唯一一次,腾讯为了自己活命,背离了用户价值。被迫付费的用户一边用着 QQ 聊天,一边骂着腾讯的可恶和狠毒。有意思的是,许多用户在此时才知道,原来做 QQ 的公司名叫腾讯。如果不是这一次激起众怒的事件,腾讯和用户还会继续相安无事地和谐下去,你不知道我,我也不了解你。

就收费制度来说,腾讯背离的不只是用户价值,更是互联网世界的规律。可以说,它用自己的错误证明了互联网免费论的正确。在传统商业里,商家采用免费营销策略,是以此为诱饵,吸引更多的付费消费。

比较高级的做法是吉列公司独创的"剃须刀经济论"——先免费赠送剃须刀,以便售出更多的刀片。即便如此,吉列的剃须刀还是会产生成本,商家还是会想办法从刀片上赚回来。对于传统商家来说,产品不可能永远免费。

但是,互联网产品就不一样了,它们能够做到永远免费,而且它们本该永远免费。互联网世界的重要精神,就是免费分享,如果没有这一精神,互联网就不再是互联网。与传统企业相比,互联网企业最大的优势就在于边际成本接近于零。比如传统服装生产商,每做出一件衣服,就会产生相应的布料、人工等成本。但互联网产品的复制却是免费的,不论多少个用户下载,都不会带来生产要素的固定成本投入。

因此,在两个不同性质的商业逻辑里,用传统的买卖方法来"销售"互联网产品,注定是错误的。

腾讯的前辈谷歌,就深谙互联网免费之道。谷歌先后把图书馆资料检索、邮箱、地图、照片管理、办公软件等都设为免费了。结果,它打败了收费的微软,成为全世界最大的互联网公司。从现在往回看,如果没有免费使用的QQ,就不可能有之后强大的流量基础,使得腾讯做什么成什么。只可惜,当年下定决心撞南墙的腾讯,没有时间好好研究谷歌的盈利路径。刚过了三岁生日的它,只看眼前,还顾不上今后。

惨痛的结局,让腾讯的收费策略直接恶化成了战略错误。

2002年,腾讯出现了新竞争对手UC客户端。紧接着,几乎所有的门户网站都不约而同地推出了自己的即时通信工具——网易泡泡、新浪聊聊吧、搜狐我找你、雅虎通、263的E话通、TOM的skype,市面上出现了30多款类似的产品。它们和QQ竞争的唯一武器就是——免费注册。

这时,腾讯第一次看见了凶猛的对手。在此之前,尽管举步维艰,但身边几乎没有对手围剿,腾讯一直享受着第一的荣誉。然而,看不见不代表不存在。你的错误,就是对手的机会,腾讯深刻地领悟到了这一经典的战略之道。在之后的日子里,我们会看到,腾讯不曾放过对手的任何一个错误,从而让自己变得更加成功。

直到 2003 年 6 月,马化腾才大彻大悟,决定重回免费之路。腾讯以"庆祝移动 QQ 三周岁生日"为由,找了一个台阶,宣布新开通移动 QQ 的用户,可以获得免费长期使用 QQ 号码一个。两个月后,QQ 重新开放免费注册,不再有任何束缚。

一次重大的战略错误,足以让一家正在高速发展的企业元气大伤。用户的流失、对手的进攻只是直接损失,由一个错误带来的后续影响,往往损失更大。多年来,腾讯为了挽回用户受伤的心,弥补这一次的伤害,付出了难以想象的金钱和努力。

犯错不是最可怕的,只要能够从中吸取教训,就有可能反败为胜。在这一次病急乱投医的战略错误中,腾讯看到了用户,也看见了对手。这其实是两大重要收获,尽管代价比较惨重。不过,如果杀伤力太弱,腾讯的意识恐怕还不会觉醒。对于任何企业来说,有一个道理始终受用,即早犯错,早醒悟。

## 第四节　掌握自己的命运

2000 年,当 IDG 和盈科想要退出腾讯时,全球资本市场的互联网泡沫破灭,纳斯达克几乎在一夜之间从巅峰滑到了谷底。全球互联网公司集体进入寒冬,不只是腾讯的日子难过,国外的思科、雅虎、亚马逊,国内的网易、搜狐、新浪,没有一家公司感到舒坦。

在大形势面前,企业总是显得渺小。然而,上帝为你关上一扇门,就一定会为你打开一扇窗。在困境之中,另一波势头正在酝酿,并将成为中国互联网企业的拯救者。2001 年,这股新势力强势登场,名字叫作"移动梦网"。

## 必须入"坑"

相信很多 70 后、80 后都有过这样的经历:通过手机短信或拨打运营商热线,每个月花 5 元钱,就能享受"移动 QQ"服务。而"移动 QQ"可实现的服务有:手机用户可以直接发送消息给 QQ 用户;手机用户在 QQ 注册信息中输入手机号码,可自动接收到自己的 QQ 不在线时其他手机通过"移动 QQ"发送给自己的信息;手机用户可以查看自己好友的状态;手机用户还可通过昵称、电子邮件或 QQ 号码查询相应的用户信息等。除此之外,手机用户还可以随时随地和自己的 QQ 好友通过手机聊天、接收笑话、猜谜等。

在没有 App 的时代,"移动 QQ"满足了中国移动的用户们网络聊天的愿望。相较于中国移动庞大的"移动梦网"体系,"移动 QQ"只是其中的一个子项目。简单来说,"移动梦网"是中国移动推出的用户增值服务,在这个体系里,用户只要付费,就可以购买到天气预报、每日新闻、普通图片和铃声等内容。

通过这样的差异化服务,当年从电信独立出来的中国移动迅速打开了用户市场,成功获得席位,与电信、联通三分天下。同时,与移动合作的诸多内容和技术提供商也赚了个盆满钵满。比如,提供短信服务、下载铃声和图片的网易、新浪和搜狐。

在移动梦网的大势面前,急于摆脱困境的互联网企业就像抓住了一根救命稻草,奋不顾身地投身于这个甜蜜的漩涡中。它们不知道,有一天会被这漩涡搅动得头晕目眩,茫然失措。

我们就以腾讯为例,看看它在"移动梦网"体系中得到了什么。

2001年2月,北京移动成为第九家开通"移动QQ"业务的分公司。3月,北京移动的"移动QQ"手机短信息发送总量已达3000万条,可为腾讯带来超过200万元的月收入。

2001年6月,因"移动梦网"业务顺利开展,腾讯在财务报表上第一次实现单月盈亏平衡。2001年年底,腾讯实现营业额近5000万元,净利润超过1000万元,其盈利全部得益于中国移动的"移动梦网"项目。

## 政策之险

2002年8月,通过移动QQ发出的短信数量约占整个"移动梦网"短信数量的70%。按协议规定,腾讯拿走收益的85%。如此看来,"移动QQ"前景颇好,马化腾对此也是充满信心。2001年1月,马化腾在接受《中国计算机报》记者采访时就曾表示:腾讯的战略是架构一个平台,欢迎各个垂直行业,如游戏、资讯、电子商务、ISP、IP电话等架构在上面,构成一个包罗万象的应用环境。到那时,QQ既是一个即时通信工具,又能给它的用户提供更多实用的商业资讯,这样,QQ就成了一个

"黄金平台"。

可以看到,马化腾的平台设想要成功,关键在于传统的电信运营商能够继续为其提供支持。不仅是马化腾,其他互联网企业也想了很多,大家不约而同地想到了成为"虚拟电信运营商"。这就意味着,在网络上造一个新的运营商世界,其体量将是难以想象的大。

2003年9月,腾讯与上海电信达成合作,进军电话业务。新推出的"电话QQ"业务,可以与普通电话相连通,用户之间可以通过"电话QQ"通话。紧接着,网易在2004年开发了网络电话技术,意味着互联网企业离虚拟电信运营商的目标又近了一步。

如果比强硬,那么政策风险一定是所有风险中之最。它可以在完全没有征兆的情况下袭卷而来,让人躲不开、逃不掉。众所周知,2005年7月,信息产业部下发通知,明确规定:"除中国电信和中国网通能够在部分地区进行电脑到电话(PC to Phone)方式的网络电话商用试验外,任何单位和个人都不得从事这项业务。"这就意味着,网络电话的世界关上了大门,互联网企业的"虚拟运营商"之梦就此破灭。

更惨的是,2004年下半年,中国移动开启了清逐内容服务商的行动,3年的合作戛然而止。忽然之间,"移动梦网"体系中的企业真实地体验到了天昏地暗的感觉。

对于中国移动的金牌合作商腾讯来说,无疑是遭到了巨大伤害。2004年12月,中国移动强势决定,与腾讯的短信业务分成比例从15比85调整为5比5。另外,"161移动聊天"业务也调整分成比例,仅是这一个项目变动,腾讯一年就将减少4800万元的净利润。

曾经像救世主的伙伴,变成了强悍的对手,腾讯却无力还击。在如此不平等的条件下,双方仍然维持了两年既尴尬又矛盾的关系,相信腾讯在这时完全体会到了什么叫作"寄人篱下"。

然而,强者是不会给对手机会的。2006 年,中国移动自行外包开发了一款名为"飞信"的即时通信工具,同时向腾讯提出了两个强制性要求:第一,移动 QQ 与飞信进行"业务合并",否则,将把"移动 QQ"从梦网业务中踢出;第二,整个 QQ 体系与飞信"互联互通"。

中国移动终于暴露了全部的野心——独占手机即时通信市场。其提出的条件,与其说是合作,不如说是变相逼退腾讯。2006 年 6 月,中国移动发布《关于规范"移动梦网"聊天类业务的通知》,内文提出:"移动 QQ"、网易泡泡将被允许开展到 2006 年年底,相关 SP 的合作协议续签到这一时间点终止。

也就是说,从 2007 年的第一天起,"移动 QQ"将不复存在。2006 年 12 月 29 日,就在终止合作的最后一天,腾讯在香港发布公告,"移动 QQ"将与飞信在 6 个月内"合并",其业务将逐步过渡到飞信平台,过渡期的产品被称为"飞信 QQ"。

2005 年度,腾讯的无线增值服务收入同比下降了 19.3%,在总收入中的占比从上一年的 55.6%下降到了 36.3%;2006 年,在公司的全部收入中,无线增值业务的占比继续下滑到 25.0%。从数据可以看出,曾经支撑腾讯的半边天,垮了。

至此,马化腾提出的"黄金平台"战略失败了。而实际上,严格来说,"黄金平台"根本算不上是一个战略,更不可能成为主导一个企业发展前途的核心战略。对于企业而言,战略是什么?它应当起到保驾护航的作用,而不是把命运交在别人手里。战略最大的责任,就是要让企业掌握自己的命运。

黄金平台对中国移动的过度依赖,使腾讯一直处于被动状态,这无异于让别人掐住了自己的咽喉。更可怕的是,移动梦网项目一度是腾讯唯一的盈利来源,试想,在这样的状态下,它究竟是救命稻草还是夺命宿主?结果已经说明了一切。如果无法掌握自己的命运,过去的蜜糖,一定会在某一天变成砒霜。

## 逆袭

在不平等的关系中,腾讯步步后退,移动步步紧逼。最终,被逼到无路可退的腾讯几乎本能性地发起了反击。它拿出的武器,是两款独立产品——"超级 QQ"和"手机 QQ"。

"超级 QQ"是进化版的"移动 QQ",它对用户提供短信包月服务,每月费用为 10 元,腾讯将它与电脑端的 QQ 号码实现了无缝对接,提供菜单式服务。用户可以在手机上累积 QQ 在线时长、短信设置 QQ 资料,此外还有收看资讯、天气、笑话等功能。直到 2015 年年底,"超级 QQ"升级并入 QQ 会员体系,才关闭了开通通道。

另一个产品"手机 QQ",则是大家非常熟悉的一款产品。如今,每个人的手机界面几乎都会安装一个 QQ 应用。而在 2006 年的时候,"手机 QQ"是以预装软件的形式和诺基亚、摩托罗拉等手机制造商合作,出现在移动用户手机里的。一开始，"手机 QQ"收取每月 5 元的服务费，后来取消，所有用户均可免费下载和使用。那时，距离第一代 iPhone 问世还有一年多的时间，App 应用还没有流行，而腾讯的做法已然超前了。

依托两大产品，腾讯的移动增值业务收入从"移动 QQ"改变为简单的手机游戏和短信增值服务。到 2007 年年底，腾讯走出了"移动梦网"的阴影，移动增值业务收入恢复性地突破 8 亿元。

如此，重新掌握自己命运的腾讯开启了移动世界的战略布局。在即将到来的智能手机时代，腾讯又在无意中提早迈出了一步。但与此前一样，所有的无意都不是偶然的，而是积累而成。试想，如果腾讯被逼到绝境后放弃移动市场，还有机会在几年后率先拿到移动互联网的"船票"吗？在反击和放弃之间，腾讯选择了反击，这一战略决策为它打开了未来之门。

经历了"移动梦网"的风波，腾讯变得自立自强。但与此同时，它变得谨慎小心，很难再相信别人。这样的心理阴影，也使得腾讯在往后几年慢慢走向了自我封闭的极端。几年后，人们开始骂腾讯"什么都要做，实在太霸道"，但他们不知道，这家公司曾经因为只做一个盈利项目而险些丧命。在经历了数不清的生死危机之后，它想要的，无非是一个安全。

## 第五节　初创期做对了什么？

一个人是在犯错中成长的，企业也一样。突出重围改变错误的能力固然重要，但如果没有核心的优势，企业很可能在修正的途中消失。初创期的腾讯显示了两大优势：一是产品力，这使它奠定了在互联网界难以撼动的地位；二是生存力，从接零碎小单到杀出互联网增值服务的一条血路，腾讯的生存力有目共睹。

## 产品体系初现

在 OICQ 第一次技术讨论会上，马化腾问了一个问题："我们的用户会在哪里上网？"这是一个产品经理的觉悟——第一时间思考用户，而不是产品本身。这个问题的提出，使得 OICQ 为了满足在网吧上网的中国网友做了许多 ICQ 没有的技术创新。

比如，把用户内容和朋友列表放到后台服务器，这样一来，用户就算每次上网用不同的电脑也不会丢失信息和好友名单；为了适应国内较慢的网速，OICQ 软件只有 220KB，用户只需 5 分钟就能下载完成，而 ICQ 的体积有 3MB～5MB，需要几十分钟才能完成下载。

据称，在后来的 10 多年时间里，QQ 先后迭代更新了 100 多个版本。仅在上线第一周，就完成了 3 个迭代版本，腾讯"小步快跑，试错迭代"的研发原则由此起步。不管是消息提示音，还是头像设计，又或者是界面皮肤，QQ 的每一次升级都会给用户带来新鲜感。

10 多年后，美国作家埃里克·莱斯在《精益创业》中总结精益创业的三大工具："最小可用品""客户反馈"和"快速迭代"。他认为产品应该快速投入市场，快速收集反馈意见，并且快速修正更新。而这正好是腾讯从一开始就坚持的产品之道。

　　如果非要探究为什么马化腾能够问出"用户在哪里上网"这样古怪的问题,原因只能从他曾经的角色来窥探一二。在互联网世界,马化腾的第一身份不是程序员,而是互联网发烧友、资深用户。在管理惠多网期间,他拥有多重身份,既是用户,也是客服,还是程序员和管理员。这些身份在他身上融为一体,使他成长为一个天然的产品经理。

　　有一句万能金句叫作"付出总有回报"。这虽是句老话,但它总能应验。马化腾在当马站站长的时候,又投钱又出力,义务为网友服务,看似毫无回报,但却锻炼了他的能力,开拓了他的思维。而更让人称赞的是,在随后的日子里,腾讯也培养出了许多这样优秀的产品经理人,他们用热爱、专注和勤恳经营着腾讯的每一款产品。

　　考拉看看签约作者李立在《腾讯产品法》一书中,对腾讯产品的设计思维以及具体的设计方法、推广思路等方面,进行了术与道的融合。她认为:"知道如何去做"就能胜出的产品时代已成为过去,产品竞争开始转向"思考力的竞争",更加考验设计者"问对问题"的能力。李立曾供职于腾讯公司 7 年,先后在腾讯 QQ 秀产品部、无线安全产品部担任内容策划与产品策划。显然,腾讯人很清楚,他们需要学习的是问出"用户在哪里上网"这样对的问题。

　　产品如此重要,以至于它成为腾讯最重要的战略规划项目。从电脑QQ 到手机 QQ,再到腾讯网、游戏、微信以及诸多其他娱乐应用,腾讯的战略与产品紧密相连。如果没有强大的产品武器,腾讯不会成为今天的样子。

　　幸运的是,腾讯在创业之初就懂得产品的重要性,并且一路向前摸索出了独有的产品方法，建立了专业的产品打造体系，培养出了优秀的产品人才。这些别人学不来也偷不走。这样的境界，不再只是产品的胜利，而是战略层面的胜利。战略关心的，不是产品好不好，而是能否建立标准和体系，并且让其顺利运转。

拿腾讯常被外界称道的"产品经理制"为例。当外界还不知道产品经理是什么的时候，腾讯就明确规定，产品经理岗位主要分产品策划、产品运营两大类：策划工作主要包括用户研究、需求分析、设计产品交互框架等；运营工作包括产品推广活动和后续数据分析工作等。同时，设立UI（用户界面）设计师岗位，负责视觉UI层面的内容，比如界面颜色、图案等。此外，前台和后台的工程师分工负责具体程序开发的实现。在一个项目中，产品经理和项目经理是团队的主要责任人，对最终结果负责。

类似上述内容，在腾讯还有很多，它们界定了什么是产品，产品流程是怎样的，岗位职责有哪些，哪些问题需要规避……而这些都属于产品体系化的范围。从战略来看，建立标准和体系的必要性在于，即便产品出错，也不会造成不可挽回的损失。腾讯在2003年8月推出的《凯旋》游戏，就是一个最好的例子。《凯旋》是腾讯进军网游的第一款产品，具有战略布局的意义。

当时，腾讯耗时数月用了最好的开发团队、最强的技术，做出了超水准的3D游戏。然而由于国内网络环境限制，正式公测后的《凯旋》根本无法流畅运行，用户也就看不到那些精心设计的华丽场景，其体验感可想而知。

从结果来看，这是一款失败的产品，但它并没有给腾讯带来太严重的损失。究其原因,是腾讯的产品体系在发挥作用,它让腾讯有及时止损、调头,并迅速改变的觉悟和能力。几乎在《凯旋》失败的同时,腾讯就做出了产品战略调整,即从"华丽大制作"变为"好玩小美丽"。很快,腾讯推出 QQ 游戏产品,仅一年时间就在棋牌和小型休闲游戏领域抢下了市场。

稳定的产品体系,无疑提高了腾讯的容错能力,即便犯下 QQ 注册收费那样重大的错误,它依然能够活下来,并且做好补救。而更重要的是,在产品体系搭建的过程中,腾讯播下了产品精神的种子。在一次次共患难的经历中,腾讯产品人能够团结在一起,这种无形的力量,让战略体系更加牢固。

在创业公司中,我们可以看到许多埋头苦干的人,他们或许能够做好某一款产品,但很难做到每个产品都很好,无法拥有持续力。这就是因为缺乏战略思考,没有建立产品标准和体系。长此以往,一家企业就长不大,最终陷入接零单的无限循环中,在极度疲惫中死去。当然,企业在成长中还会遇到多种体系的建立,比如人力、财务,但产品始终是第一位的,因为这是为用户创造价值的核心。

值得提醒的是,战略体系的建立需要时间,需要不断实践、总结和尝试。和产品一样,这也是一个试错的过程。一家企业不可能一开始就建立完善的体系,天底下也没有完美的体系,但一定不要不顾体系。即使再忙,企业的核心团队也要思考这个问题。而那些急于建立体系却又发现无从下手的公司,不妨停下来想一想,是不是自己的经历还不够,是否需要更多历练。实践出真知,这也是一则不变的真理。

## 自我造血体系

在 QQ 注册收费事件后,差点"流血牺牲"的腾讯终于开窍了。收费虽然失败,但却让马化腾、曾李青意识到虚拟支付系统的必要性。如果能够打开网络支付的大门,那将会是另一片天空。尽管腾讯在 10 年后才用微信支付实现了这个梦想,但在 2002 年的时候,Q 币的发行,可以说是腾讯在虚拟交易领域的一次重大觉醒。

按规则,用户花 1 元钱可以购得 1 个 Q 币,再通过等值面额卡的卡号、密码与 QQ 号关联进行"充值"。最开始,Q 币是用来买靓号的,但靓号表现平平,Q 币也就成了可有可无的"鸡肋"工具。

2003 年,QQ 秀的问世改变了 Q 币的命运,让迟迟无法盈利的 QQ 看到了新的希望。而这一次,腾讯终于走上了对的道路。克里斯·安德森在《免费:商业的未来》一书中提到,免费加收费模式的核心是,在免费服务上赔钱,但在溢价的付费服务上赚钱,同时把前者作为一种廉价的推广手段。

"举个例子,上百万的 Skype 用户在网上进行声音和视频通话却无须付一分钱,原因是一小部分用户为了得到额外的功能而付出的费用补贴了免费用户。通常而言,一家网站会遵循'5％定律',也就是说 5％的付费用户是网站的所有收入来源。这种模式之所以能够运转下去,是因为给其余 95％的用户提供服务的成本是相当低廉的,可以视为零。"

那么,对于 QQ 来说,什么才是溢价的付费服务?是靓号吗?不是。

是 QQ 俱乐部会员吗？也不是。再追问一次,为什么不是呢？会员制有错吗？并没有。问题其实出在会员"礼包"没有吸引力上。一句话,腾讯提供的会员服务不够好,用户当然不愿意购买。

用户到底需要什么？他们会在 QQ 上买什么？相信这两个问题曾经让腾讯抓破了脑袋,这和做一款用户喜欢的产品完全不同。QQ 是基于 ICQ 的基础架构诞生的,通过微创新,腾讯做到了让中国用户爱上它。但关于在 QQ 上卖什么商品,就没有前例可循了。在太平洋彼岸的美国,每天都有许多赚钱的创新点子出现,即便如此,ICQ 也没有找到可行的办法。

与平淡无奇的靓号相比,QQ 秀精彩太多。这一次,用户用相同的 10 元钱买到 10 个 Q 币后,就能去 QQ 秀商城购买商品,设计自己在虚拟社区的形象。皮肤、发型、妆容、衣服、包包、鞋子、项链……用户为这些虚拟的玩意儿疯狂了。为了让"另一个自己"更美、更酷,他们愿意花钱。

吴晓波认为:"在腾讯的历史,乃至中国互联网史上,QQ 秀都堪称一款革命性的收费产品,它可以被视为全球互联网产业的一次'东方式应用创新'。腾讯不是这一创新的发起者,可是它却凭借这一创新获得真正的商业上的成功。而比商业利益更有价值的是,QQ 秀让腾讯与它的亿级用户建立了情感上的归属关系。"

在 QQ 秀问世之前,腾讯是一个产品公司,而 QQ 秀之后,它拥有了销售的能力,建立了独立的销售渠道,还实现了"货币"流通。货币＋商品＋平台,一个虚拟世界交易市场就此成型,腾讯的互联网增值业务终于在此迈出了第一步。

接下来，就是创造出更多的商品。

2003 年年底，腾讯推出"红钻贵族"，用户每月支付 10 元，便可以享受到多项"特权"，其中包括：获得一枚红钻标识，每天领取一个"红钻礼包"，每天免费赠送 5 朵"鲜花"，可设定每天自动换装，赠送好友 QQ 秀不花钱，在 QQ 商城享受超额的折扣等。

2006 年 5 月，QQ 空间推出"黄钻贵族"。黄钻的包月费也为 10 元，购买者可以享受 10 多项特权，包括个性空间皮肤、花藤成长加速、照片大头贴、个性域名、视频日志、动感相册等，其运营逻辑与"红钻"如出一辙。2007 年，针对 QQ 音乐设计的"绿钻贵族"亦是同样的玩法，颇有一劳永逸的感觉。

腾讯通过 QQ 系列产品的实践，掌握了商品运营之道，并将其运用到了炉火纯青的地步。在数年的时间里，QQ 会员、黄钻、红钻与绿钻四大互联网增值业务，一度成为腾讯最大的收入来源。当腾讯受到移动梦网的重创之时，钻石体系的增值服务收入发挥了不小的支持作用。

Q 币、QQ 秀、红钻会员的问世和运行，让 QQ 拥有了自我造血的能力，实现了自己养活自己的阶段性目标。时间证明，这套造血体系有着持续的生命力，它不仅让腾讯更有自信和底气，还不断扩大，让腾讯走得更广、更远。

一个快要饿死的人，心里在想什么？一个遭受极端压迫的人，心里在想什么？一个挂在悬崖峭壁上的人，心里在想什么？他们想的是同一件事——活下来，最重要。不仅是腾讯，几乎所有的创业公司都会经历这样的阶段。每个成功的企业，都曾在绝境中发出呐喊声。

"To be or not to be？（生存还是毁灭？）"这句话出自《哈姆·雷特》第三幕第一场，流传至今，耳熟能详。在这部作品中，哈姆·雷特最后选择了和罪恶同归于尽，让世人悲叹不已。

而在一个企业的成长历程中，一定会一次次面临生存还是毁灭的选择，尤其在创立初期，这个问题会每时每刻都缠绕在身边，让人无法躲闪。对于小公司来说，任何一个小问题，都可能是关乎生死的战略大事，不仅决定其当下，还会影响其未来。虚拟文学世界的哈姆·雷特可以选择悲剧，但现实社会的企业却没有谁愿意轻易"go die（死亡，指倒闭）"。如此，生死抉择之时，请用力活着。

第三章

# 战略发展期：学习型进击

对大多数公司而言，上市是迈过幼少时期，进入成年阶段的标志。巨大的资金如同沸腾的血液在血管中奔流，新上市的公司明显地感觉到自己的实力大大增强，手可以伸得更长，步子也可以跨得更大。

然而，欲戴王冠者必承其重，上市公司也需被迫学习新的运行和监管机制，学习对投资人负责，学习在受到多方力量牵制的情形下继续保持高速而稳定的发展，正如一个成年人在内忧外患中练习如何扮演一个社会人的角色。

但对于成长格外迅速、环境变动格外频繁的互联网企业来说，上市与其说是成年期，不如说是"成年初显期"——这个近年来才出现在心理学界的新术语，指代的是在 18 岁至 25 岁这个阶段，人们不仅向内探索自身，也同时在向外部世界的探索中重新定义"成年"一词的内涵。在这个时期，人们的探索甚至比在青春期更为剧烈。

刚上市时的腾讯就是这样一个离开了青少年阶段，却没有准备好如何去扮演一个成人角色的"新晋成人"。即使在已经开始着手准备上市时,马化腾对此的概念还仅仅停留在"是个公司大概都要去上市的"。2004年6月16日,腾讯在港交所正式挂牌交易,交易价定在招股发行文件中的上限3.7港元,共发行4.2亿股。通过上市,腾讯一共筹集了14.38亿港元,公司的5位创始人直接跻身亿万富翁行列,同时主要管理层中也有7人跃升为千万富翁。

与此类似的财富故事曾经让很多新上市的公司晕头转向,从踏踏实实经营业务变为资本浪潮中的淘金者。毕竟,同期上市的有诸多"舞台明星":盛大网络在纳斯达克交易所的股价从11.3美元开盘,上市半小时成交超150万股,当年就取代韩国NC SOFT成为全球最大的网络游戏股;TOM集团在纳斯达克和香港创业板同时挂牌,净融资1.7亿美元,而香港首富李嘉诚家族就站在其背后;手机服务供应商掌上灵通在纳斯达克首次公开上市,成为首家完成IPO的中国专业SP;主攻线上人力资源服务的前程无忧(51job)在纳斯达克的首日收盘价为20.75美元,较发行价上涨48%。

在同年7家海外上市的中国内地互联网公司中,腾讯是唯一一家没有试图进军纳斯达克的。其时,腾讯的收入还有56%来自电信增值业务,剩下收入的一半也与此相关,这意味着它还是一家造血能力相当贫弱且单一的企业,对投资人来说存在着极为致命的缺陷。

这只是腾讯作为单独一家企业可见的地平线。更远处,整个互联网行业的地平线都隐没在茫茫的晨曦中,尽管受到全世界投资者的热情追捧,却没有一家企业在"讲好投资故事"之外,能有着十足的底气,勾画出一张稍微清晰一点的蓝图。这个行业最大的未知因素,来自用户。

与其他行业不同，作为一个新兴行业，互联网企业的用户隐身在茫茫人海中，谁也勾勒不出他们的音容笑貌，或胸有成竹地用经验和统计数字来求证自己对用户的估计是否准确。谁都能猜到，在通往最终锁定用户的这条路上要踩无数的雷，但谁都不愿意成为率先倒下去的那一个。

在此后数十年中，腾讯及它的同行们会逐渐发现，相比只需要靠用户的几项突出需求与典型特征就可以活下去的传统行业，互联网行业大概是有史以来对用户的个性化特征发掘最精细、贴合度最高、需求覆盖程度最广的行业。如此高标准的行业之路走起来自然也是倍加艰难，一路上死伤无数，从舞榭歌台走到繁华落尽甚至用不了三四年时间。

10 年之后被公认为"最懂用户"的腾讯，在这条路上成功地做到了"不倒下，却积累了最多的试错经验"。腾讯不仅没有迷失在投资人和董事会的指挥棒下，还用自己的经历有力地证明了一切回归用户体验的重要性。这并不是一条新的商业准则，但在互联网的时代里，企业用全新的实践重新定义了这句话的内涵和外延。

这一阶段的腾讯如同八爪鱼一般四面出击，除了原本的 IM 主营业务以外，又把触角伸向了个人空间、娱乐服务、社交网络、商务应用、线上购物等几乎一切已被开掘出来的领域。虽然看起来是个全线作战的"战争之王"，但马化腾固有的谨慎精细风格却使得腾讯在具体进军时采用极为小心的战术。换句话说，腾讯始终固守"战略上激进，战术上保守"的方针。这种方针实际上在较大程度上提升了战略的有效性，避免了空掷资源。这一点，在互联网发展的黄金 10 年中，在大家都争先恐后下河

65

试水的阶段,为腾讯争取了宝贵的发展时间,这可能也正是其成为如今这种体量的业界霸主的关键原因所在。

## 第一节 战争之王:"后发是最稳妥的方式"

### "行业公敌"背后的游戏小男孩

2017 年 9 月,一本名为《原则》的书蹿上美国亚马逊商业畅销书排行榜首位。它的作者,全球最大对冲基金——桥水基金(Bridgewater)的创始人雷·达里奥,在书中详细地介绍了自己多年投资交易所使用的方法。那是一种看起来近乎平淡无奇的方法:针对同一类型的情况和问题,总结出某种行为准则,把它记在小本本上。

例如,著名的"取消金本位"①事件后,绝大多数投资者认为金融市场会遭受重挫,但出乎所有人意料的是,市场不冷反热。这件事让达里奥得出两条原则:不要相信官方——以及——货币贬值和大量印钞票对市场而言是好事。

他要求自己把每一笔交易的背后逻辑都找出来,从中提炼出规律和原则,并将之用在未来的交易中。在编程的进一步帮助下,这些逻辑被

---

① 金本位制是一种以黄金来衡量各国货币实际价值的制度,即以黄金作为"本币"。19世纪中期起,金本位制成为世界主要货币制度。第二次世界大战后,美元成为国际货币体系的中心,但仍与黄金挂钩,直到 1971 年 8 月,尼克松政府为缓解经济压力,宣布取消金本位制。

转译为电脑语言,并组合转化成完整的投资策略树。投资策略树可以自动处理数据。这个方法将桥水送上了全世界最赚钱的对冲基金的宝座。达里奥认为,这个方法不仅适用于投资,对企业管理同样有效。

很有可能,马化腾也有这么一个小本本。他在 2005 年的时间节点上将它翻开,其中必定有某一页写着:后发是最稳妥的方式。

互联网的价值观是尊敬创新者,但腾讯总是扮演创新者背后那片紧跟不放、令人担忧的庞大黑影。实际上,当后来的腾讯多次后发制人,乃至成为"行业公敌"时,马化腾自己就曾完整地解释过他的想法,原话是这样的:"因为互联网市场太新太快,往哪里走都有很多可能。如果由自己来主导可能没有办法证明所选择的就是对的,几个月内就有很多新东西冒出来,凭什么判断哪个是热点。有竞争对手了,人就开始有了斗志;看看别人哪些做得好,哪些做得不好,如果别人杀过来,应该怎么办,是硬顶,还是去别的地方迂回作战。"

这几句话并不遮掩地透露了腾讯"模仿者"策略背后的真实动机:这不仅仅是一种基于理性的战略考量,更是一种与敌军对战的乐趣所在。正像有人会格外享受在没有地图的疆域中踩下第一串脚印的愉悦一样,也有人最享受的是绞杀一个本已非常强劲的对手,取下他的王冠,戴在自己头上。马化腾就像一个在电脑上指挥千军万马的游戏小男孩,依靠这种特殊的战法取得斗志、激情、动力和成就感。

创始人和领导者的风格,往往也就决定了企业的风格。在此后的数年间,腾讯四面出击,攻城略地,成为互联网世界的"战争之王"。

### 从来到去：战略目标的转变

上市成功之后，腾讯开始为自己寻找未来的路线。从事后来看，马化腾的整体战略眼光也是很出众的。早在2001年，他就设想过一个架设了游戏、资讯、电子商务、ISP、IP电话等垂直业务的应用性平台，让QQ既是一个即时通信工具，又能给它的用户提供更多实用的商业资讯。当时，中国互联网仅仅发展到了信息交互阶段，一切对未来的构想都以此为基点，要谈到更丰富有趣的玩法，还为时过早。

不过，到了2005年，这个一脉相承的梦想看上去已经多了几分实实在在的重量。当年8月，马化腾第一次向媒体宣布了腾讯的新战略主张："腾讯希望能够全方位满足人们在线生活不同层次的需求，并希望自己的产品和服务像水和电一样融入生活当中。腾讯已经初步完成了面向在线生活产业模式的业务布局。"

从"让生活资讯到我的平台上来"到"让我的产品和服务进到人们的生活中去"，尽管同样追求大而全，却展现了两种完全不同的战略思想和明显更为庞大的野心。如果如《企业生命周期》所述，企业在生命周期的这一阶段所面临的挑战是"职权的授予、领导风格的转变和企业目标的替换"，那么至少从外部看来，第三点是最先在腾讯显露痕迹的。

当然，从某种程度上说，这种转变也是被逼出来的。转变的大背景是腾讯"虚拟电信运营商"的壮志受挫。2005年7月，信息产业部的一纸禁令确立了中国电信和中国网通在网络电话业务上的垄断地位，此门一关,原本还讨论得热火朝天的"网络电话"顿时销声匿迹,而削尖了脑袋想挤进来的其他企业也被打消了大半念头。

塞翁失马,焉知非福。客观看来,尽管信息产业部的禁令无疑是拒绝变化、遏制新生事物之举,却意外地将腾讯推向了新的方向,并且分流了其他企业的目标,使它在即时通信领域的优先地位得以保持。

遭遇电信企业和主管部门的阻击,否定了成为"虚拟电信运营商"的可能性之后,腾讯回归了它的核心竞争能力——人际关系网络。马化腾解释说:"从表面上看,大家可能觉得腾讯什么都想做,但实际上,我们的一切都是围绕着以即时通信工具 QQ 为基础形成的社区和平台来做的。"

"什么都想做"的印象当然并非无中生有。腾讯内部将 2000 年至 2005 年视作自身业务发展的第二调整阶段,这一阶段自纳斯达克崩盘、全球互联网业迎来第一次寒冬为始,以腾讯内部第二次组织架构大规模变革为终。某种程度上被寒冬"吓到了"的腾讯,开始向一切存在盈利可能性的产业伸手。

2004 年,网络游戏在中国进入蓬勃发展期,腾讯正式进军网游市场。同年,qq.com 门户平台上线,标志着腾讯开始在媒体和广告业务方面发力。2005 年,为了跟进火爆一时的 Web 2.0,腾讯推出 QQ 空间,同步建设 QQ 相册,作为跟各大博客对打的产品。当时同样红极一时的还有阿里巴巴和百度。几乎是理所当然的,腾讯上线了拍拍网和搜搜网。此外,分属棋牌类小游戏的 QQ 堂和线上宠物的 QQ 宠物也都是在 2005 年诞生的,后来分别成为各自细分领域中的标志性产品。更不用提，当时看来平淡无奇，实际却埋藏着日后命途改变玄机的收购 foxmail 事件和张小龙的加入，也是在这一年。

原腾讯集团高级执行副总裁吴宵光曾经颇为自豪地回忆："第二阶段布局中，6 个领域里面有 5 个领域我们取得了第一。"从 2005 年这个时间节点起，力图"像水和电一样融入生活"的腾讯，已经与互联网领域的所有巨头展开了遭遇战。

## 跟随战略的代价和缺失

有人把腾讯的战略形容为"赤裸裸的抢劫"。因为从表面上看来，这种战略就和明抢一样以力压人，没有技术含量可言——观察先入者的做法，克隆过来，再利用平台和用户数量的巨大优势将对手压制下去。

在崇尚智力快感、带着"创造新世界"的探险者意气建立起来的互联网社会中，这种行为也许比现实中明火执仗和公然抢劫，更容易引发众怒。

腾讯确实轻易取胜，但代价是舆论口碑的迅速恶化。新浪网创始人王志东形容腾讯是"明目张胆的、公开的抄袭大王"，马云说腾讯拍拍网"所有的东西都是抄来的"，丁磊说"马化腾什么都要抄"。这些抬头不见低头见的业界领袖都按捺不住地发声，民间的意见自然更是一边倒的愤怒。另外还有一拨更强烈的指责，认为腾讯仗势欺人，"什么都要抢"，连对大学生创业团队都敲骨吸髓不放过。

这就很尴尬了。尽管马化腾多年来持续向外界解释这一战略的合理之处——抄是学习,是吸收,是取长补短——却无法挽救腾讯摇摇欲坠的业界名誉。在 2009 年的"3Q 大战"中,腾讯独立战场、身为业界大佬却近乎无人支援的惨状,也是在此时埋下的伏笔。

何况,还有一些业务,即使通过跟随者战略也无法取得上风。百度领导的搜索业务、阿里巴巴领衔的电商业务,就是其中最突出的两个代表。日后 BAT 三分天下的格局,正是因为这三家企业在各自核心业务领域,都有着无法后发取代的竞争力。

曾任腾讯电商控股公司 CEO 的吴宵光,对腾讯在网购领域多年来都无法后发制人的困境有着深入的思考和总结。2014 年,腾讯最终决定将 B2C 平台 QQ 网购和 C2C 平台拍拍网并入京东。吴宵光向旗下员工发布了一封内部邮件,其中提到:

从事互联网行业这么多年,深深地感知到时机的重要性,再强的团队,如果不能选择正确的路径、没有赶上最佳的时间点,都是事倍功半。电商行业未来的想象空间巨大,但不管模式如何变化,用户的需求不会发生本质变化:物美价廉、便利快捷是用户始终的核心诉求,这也是我们的合作伙伴京东的信条——多快好省。

要实现这个目标,离不开庞大的供应链、物流体系的建设。长链条、重后端是电子商务和纯互联网业务非常不同的特点。过去腾讯的纯互联网产品,价值链条短,以产品用户体验为制胜核心,抓住机会点就能爆发性增长,而电子商务则是一个需要积累的业务,越多的积累才能建立越高的竞争壁垒,而壁垒一旦建起,后来者就难以望其项背,有如美国的电商市场、亚马逊今天的优质口碑也是建立在花费十几年建立起的供应链、物流基础之上的。

身为电商人我们深知,要搭建完善的电商服务生态系统,需要专业团队巨大的付出来保障优质的用户体验。当然,并不是说我们不能独自做到这些,只是今天行业的格局令我们必须变阵,用一种全新的模式去跟时间赛跑。

这封邮件简洁地总结了腾讯核心竞争力的优势所在——短价值链条、纯互联网产品、紧扣用户体验。抓住这一切,瞄准机会,就能实现爆发性增长,从2005年往后的无数例子,都在反复验证这句话。换言之,即使腾讯反复使用跟随战略,真正能见效的,也只有那些凭借它自身优势"跟得上"的领域,即它日后战果赫赫的那几个领域:即时通信、线上游戏、社交网络。

## 第二节　本地化策略升级战

### 对手的错误就等于自己的胜利

回顾历史,腾讯在四面出征期间有不少出色的战果,但其中最知名的就是出自自家大本营的 QQ 与微软出品的即时通信工具 MSN 的暗战。互联网网龄 10 年以上的老网民,只怕大半都曾用过这两个即时通信工具,对双方一轮轮改版中蕴藏着的此消彼长的力量对比,也多少有所体会。

QQ 诞生于 1999 年 2 月,而 MSN 诞生于 1999 年 7 月,二者同样应即时通信热潮而生,但 MSN 早年并没有进入中国市场,双方相安无事。不过,在 2000 年时,MSN 就已经推出了中文版本。

这场战争起自 2004 年 8 月,微软静悄悄地在北京和上海组建了 MSN 中国市场中心和研发中心。所有人都明白,这意味着全球科技巨头、PC 领域的霸主准备借助这个小小的软件,正式进入中国市场了。其时,QQ 已经占据国内即时通信市场 77.8% 的份额,看似无须忧虑。然而在 2005 年,在没有任何宣传和本地化支持的情况下,MSN 占据的市场份额为 10.8%,已经是第二大即时通信软件,而在商务人士用户中,其市场占有率甚至超过了 QQ。

相比 QQ,MSN 的界面更简洁,更符合商务人士的需求,而微软自带的黄金光环更是使它无须推广就能自然吸引到用户。相形之下,很多城市写字楼里的公司甚至明文禁止自己的员工使用 QQ,将它的使用场景自动默认为"不务正业"。这一印象不可能通过改版颠覆,腾讯也无法在短时间内改变自己在用户心中的定位。吴晓波的《腾讯传》中提及一个细节,描摹出这是一场多么悬殊的人心向背之战:

随同熊明华①从西雅图回国、后来转投腾讯的郑志昊回忆过一个细节:"我们去大学招聘大学生,在每一个招聘现场都被围死,乌

---

① MSN 中国开发中心创始人,于 2005 年转投腾讯,担任腾讯公司首席技术官至 2013 年。

压压的都是人,简历堆成了山,他们看见微软的人就好像看见了神一样,把我们彻底吓坏了。"一年多后,跳槽到腾讯的郑志昊再去校园招聘学生,几乎没有一个 Top 10 的学生愿意来腾讯。我们根本招不到最优秀的人才。这时我突然意识到,腾讯是用"二流"乃至"三流"的人才,在与微软打仗。

如今回头再来看,几乎可以下结论说,处在如此优势的风口,只要微软不犯什么大错误,腾讯就算做对再多的事,市场也会一点一点被蚕食,最后很可能形成"MSN 鲸吞高端用户,QQ 霸占低端用户"的角力之局,双方的精力将主要用于对中端用户的争夺。这想必也会是场非常精彩的战役,可惜已没有机会发生。

讽刺的是,腾讯的取胜并不是因为做了多少"对的事",而是因为作为对手的微软犯下了一家跨国企业能在中国犯下的几乎所有错误,并为整个行业贡献了大量关于本地化策略的经验教训。

## MSN 挑战赛:来势汹汹 后继乏力

刚刚发动攻势的 MSN,完全可以用来势汹汹形容。

——2005 年 4 月 11 日,微软与上海具有国资委背景的联和投资有限公司宣布成立合资企业——上海微创软件有限公司,由微软中国总裁唐骏出任 CEO,一个月后,双方各自注资 500 万美元和 300 万美元,成立了上海美斯恩网络通讯技术有限公司。对这种外资和国资的强强联手，民间各有解读。

——推出 MSN 中文网网站，与淘宝、赛迪、人来车、猫扑、联众、北青等 9 家网站通过内容合作协议，用极短时间组建起一个内容丰富、分类全面的门户平台，在尽享各大媒体黄金资源的同时，形成了可以导流用户、转化收入的格局。

——收购清华深迅，一脚踏入包月短信服务领域，在当时手机短信一本万利的背景下，给自己开辟了一个几乎无成本的收入渠道。

——2005 年 10 月 13 日，与雅虎通实现互联互通，两家的全球用户合计占整个市场 44%的份额，总体人数将超过 2.75 亿。

在短短几个月内，微软的布局已经全线铺开，对腾讯形成包围之势。彼时的腾讯除了加紧对 QQ 进行细节优化、技术升级外，几乎没有什么足以令人称道的反制措施。然而，前述的一切布局都是为了抢夺和转化用户，而这些最终恰恰仅能依赖那个小小的 IM 软件。

用户对微软的华丽登场没有什么意见，对 MSN 却充满了抱怨。有个用户曾经历数"MSN 打不过 QQ 的 5 个理由"，其中甚至包括"MSN 相关名字太多太长太难记"，其他的理由还有，MSN 的安装不能选择路径，要在线下载组件而速度却太慢，默认不保留聊天记录，搜索功能简陋等。看似都是鸡毛蒜皮的小事，但对于一家真正以用户为导向的互联网企业而言，这类糟糕的体验如果在用户的抱怨声中撑过 3 个月以上，已经可以算是一种失败。而在 MSN 这里，有相当一部分问题直到其 2014 年最终完全退出市场时，都未解决。

在这场战役的硝烟散去已久后，曾任微软中国总裁的职业经理人唐骏在《中国经济周刊》撰文谈及当年的胜负,透露早在 2002 年微软内部调查报告中指出:QQ 的独特功能"可以和陌生人聊天"是其快速占据市场份额的主要原因,这个功能符合中国人的个性,更符合互联网的需求。

微软中国也曾向总部"强烈建议"加入与陌生人聊天、离线留言等功能,但总部仅仅以两个理由就否决了:第一,全球产品一体化是公司的战略,不可更改;第二,如果要为中国改变,除非能在中国地区保证大量的收费客户。

2005 年年底,微软将 MSN 整合进入 Live Messenger,提供了一个更大、更复杂、更不好用的客户端系统,而这只不过使其在错误的方向上走得更远,在 MSN 的颓势上再加把劲。用过 Live Messenger 的人都很难忘怀它不清晰的界面、某些永远不会打开的功能和继承自 MSN 却始终毫无改进的功能缺陷。

与微软相反,腾讯的改版却在持续地为 QQ 增加那些最受用户欢迎的功能:提高大文件传输速度,支持断点续传,推出网络硬盘和 QQzone,设计群中群。中国用户喜欢互相传输、分享大文件,喜欢在线上发展与陌生人的关系,喜欢群组聊天,这些特征被 QQ 稳准狠地抓在手中。到 2008 年第二季度,MSN 的中国市场份额已经跌到了 4.1%,被移动飞信超越(易观国际数据,引自《腾讯传》)。

更糟的是,不喜欢 MSN 的很明显不仅仅是中国用户。2013 年 3 月,微软在除中国之外的全球范围内关闭了 Windows Live Messenger 服务,而次年的 10 月 31 日,中国区服务也正式关闭,这标志着这个曾经风光一时的即时通信工具彻底结束。

而 2013 年,QQ 的主战场已经从电脑转向了智能手机,它的对手已经是自家出品的微信了;在即时通信这个领域,腾讯已经雄踞不可动摇的霸主地位。

对一家互联网企业而言,产品和用户才是核心。在这二者上所犯的错误是无法被其他优势所掩盖的。

**本地化的核心:在你的用户身边做决策**

回顾当年,唐骏将微软的失败归结为"精英化的傲慢":"无论是创始人盖茨还是微软的员工、微软的产品,无一不展现着一种精英形象和气概,他们用精英模式创造了时代的神话,但互联网时代是平民草根时代,如果坚持用做产品的精英思维方式去从事互联网事业,微软可能还会继续付出代价。"

谈及"大企业的傲慢",人们脑内总能浮现极为生动的形象,它与每个人对阶级感的不平不甘息息相关,因此直入人心。在这种情绪的指引下,人们往往会忽略,即使不是那么傲慢的大企业,在面对腾讯这样的"平民草根"时,一样很有可能打不过。

被誉为"破坏性创新之父"的克莱顿·克里斯坦森在《创新者的窘境》中,用条分缕析的方式层层揭示了一个反复出现的商业现象背后的原因:为什么拥有巨量资金、最优秀的人才和卓有成效的管理系统的巨头企业,总是会被不起眼的弱小企业,用一个并没多少技术含量、有时候看上去还有点 low(低端、低级)的产品打败?

在书中，他将使企业能够取得市场竞争优势的那些关键性技术突破（广义）分为两类：积累型创新和突破性技术。小企业制胜，依靠的往往是后者，但大企业在利用后者上却存在天然的劣势。

这里的关键就在于，公司的行为模式最终总由它们的客户决定，而突破性技术会带来与原本目标客户定位完全不同的新客户，他们有不同的特征和不同的要求。总是兢兢业业听取自身老客户意见的成功企业没有能力看到他们，即使看到了，也无法将他们纳入正常的决策机制加以考虑。

微软的"除非能在中国地区保证大量的收费客户"的条件，正是这一规律的真实写照。对于成熟企业而言，冒着挑战已知付费客户使用习惯的风险，去为一群连基本付费能力都没有的新客户改写软件，是毫无可行性的建议。特别是当这些修改还涉及某些耗资较大的动作——例如，研发全新功能，购置大量服务器以支持网络硬盘存储——时，仅有"直接批准总金额低于 50 万美元项目"权限的中国分公司，根本不可能获取总部的赞同。

在同一个公司内就同一个产品面对两群完全不同的客户，这似乎天然地超越了企业的能力范围。克莱顿·克里斯坦森为此提出的建议是：在远方，在一个能与你的客户直接建立业务往来的地方另起炉灶，按照新的规则行事。

在 QQ 与 MSN 之战中，这群决定胜负的至关重要的客户就是中国用户。总部远在西雅图的微软无法针对几千公里外的一群用户做出及时而合适的反应，而身处用户之中的中国分公司却又缺乏至关重

要的决策权。在战役拉开帷幕之后,每一个用户都能感觉到 MSN 的
"不接地气",选择也就在此期间悄然做出。每一票,都是用户自己投
下的。

这也诠释了"本地化战略"的真实含义。它与是否选一个当地人担
任总经理,或者是否跟本地企业合资办公司无关,更加不是简单地用几
个富有民族气息的 UI 设计来讨好一下客户就能高枕无忧。也许这些
都是必要的,但都并非关键。本地化的本质在于:把公司的整个决策和
反馈机制放在它真正的用户当中,而不是遥控、脱离或者无视。

在这一时期,所有试图遥控决胜于千里之外的国外公司,无一例外
在中国市场上折戟沉沙,其中包括 Ebay、亚马逊、Hotmail 等。而它们
的中国对手,则跟腾讯一样,一面积累丰富的用户经验和战斗经验,一面
快速崛起。

## 第三节 挑战者总是来自下方

### 打擂者: 以子之矛, 攻子之盾

如果把 2005 年后的腾讯当作漫画或者游戏的主角,那么它一路打
怪升级的历程看起来会有着特别的戏剧性。故事中的考验往往经过巧
妙的安排,不仅彼此不相重复,还总是各有特色,分头攻向主角软肋,逼
迫其非成长不可。紧接在 MSN 之后发难的 51.com,就像是这样一个

经过作者精心安排的敌人。

用克莱顿·克里斯坦森的理论来看,腾讯一直都在扮演"下方挑战者"的角色。在已经有成熟企业霸占领导者宝座的行业里,这个角色十分讨巧:

——如果行业目前还处于不断需要积累型创新的阶段,那么挑战者可以通过学习优势者的策略,用短得多的时间获得它所需要知道的一切知识和经验,直到跟上整个行业发展的步伐。虽然它不见得能取代领头者,但由于积累型创新不存在先发壁垒,挑战者依旧可以从其他人的碗里分得不小的一杯羹。

——如果行业已经成熟到了孕育着突破性技术变革的阶段,挑战者包袱轻,思路灵活,成本低,往往在领先者挑剩下的市场里寻找客户和机会,而这种客户和机会正是突破性技术萌芽最为富集之处。有很大机会,挑战者能够一举拿下新的客户群,然后通过不断改良技术,最终掀翻头顶上的天花板,跃升为新的行业领导者。对原本的领导者不公平的是,这时挑战者获得的先发优势,通常都是不可战胜的。

长期扮演这类后发制人角色的腾讯,也许是在不知不觉之中,已经成长为一家巨大的行业领导者级别的企业了,这一过程伴随着东攻西伐、南征北战,快到它自己都没有意识到。2016 年年底,51 踏着它曾经走过的一模一样的路,来挑战它了。

51 的创始人庞升东出生于浙江东阳的小山村,曾经做过业务员,有着商人的机敏和来自底层的视角。2005 年 5 月,他用自己炒房赚得的资本,收购了个人数据库公司 10770,作为自己进军互联网行业的载体。

第一次听到 SNS 的时候,他甚至不会写这几个字母,但一旦懂了它是什么,庞升东马上做出了将 10770 改造成 51.com 的决定。

从 5 个数字变为 2 个数字,从简单变为极简,这中间潜藏着一种无微不至的商业触觉。庞升东和另一位创始人张剑福接下来所走的路,与国内外不少草根企业的初始轨迹极为相似:游走于灰色地带,但却极为贴心地照顾用户那些说得出口和说不出口的需求。51.com 被他们经营成了带引号的"交友"类社区,大量打擦边球的图片被上传,而社区的图片功能专门为此做过优化。

更重要的是,51.com 精确地瞄准了"三四线城市的网吧用户"这一庞大人群。2005 年,中国网民人数已经突破 1 亿,跃居世界第二,其中不少新用户是从网吧加入的。这些对互联网环境并不熟悉、上网场景又很特殊的网民,成了 51 的主力用户。

51 用最传统却也最有效的地推方式,在小城市的网吧挨家挨户派送 51 鼠标垫、51 海报和 51 文化衫,将许多网吧变成了 51 主题网吧,确保用户的品牌熟悉度。QQ 秀、QQ 积分商城、QQ 群等腾讯发明的应用,也以极快的速度在 51.com 上一一找到了复制品。在将虚拟货币支付都拷贝过来以后,很快,51.com 就变得像是另一个功能更"接地气"的 QQ 空间了。腾讯的"后发制人"战略,51 学了个十足十。

而且,与腾讯风格极为相似的是,51 极为注重用户体验,也自行"发明"了大量贴心的细节功能,如推荐异性用户、提供常用软件链接、提示将 51 主页填入 QQ 资料等,这些均是基于对目标用户心理和上网习惯细致入微的把握。靠着方方面面的组合优势,51 成立不过一年,注册用户就突破了 1000 万,到第二年已向着 1 亿用户迈进。

2006 年开始,51 陆续获得红杉资本中国、海纳亚洲(SIG)、英特尔投资等的注资。迅速膨胀的 51 看起来用极短时间就追平了腾讯过去近 10 年的成就,到了 2007 年年底,双方均宣布自己注册用户数过亿。而到 2008 年 7 月,51 公司又以 25% 的股权换来巨人网络 5100 万美元的收购。巨人的领导者史玉柱,和庞升东一样,都被认为是精于利用人性弱点获取盈利点的商人。

此刻,腾讯面对的是一个经典的"以子之矛,攻子之盾"式的难题。当有人用你最擅长的打法来攻击你时,你该如何自救?

## 守擂者:加固围墙的防守型策略

前面曾经提到,腾讯尽管战略上十分激进,战术却控制得很保守。这一点在对 MSN 和 51 的战役中都有体现。

在面对 MSN 的高调扩张时,腾讯所做的几乎都是"加固护城河"类的措施,不是加紧更新 QQ 的性能,就是针对微软擅长的产品线 Hotmail,收购 Foxmail,为自己补上电子邮箱这块短板。此外,与谷歌的搜索和广告服务合作,也是为了加固自己全面布局中较为薄弱的网页端出口。2010 年,微软关闭 MSN space,QQ 空间第一时间挂出了博客搬家工具,打出"QQ 空间等你回家"的标语。

而 51 的飞速发展,使双方更早地进入了白刃相接的肉搏战。曾经从微软挖来数位高管的腾讯,也在遭遇 51 的挖角,有媒体报道腾讯核心研发部门"整个部门都接到过(51的)猎头电话"。为了正面迎击对手的强力攻势，腾讯除了派出地推团队，在三四线城市跟51"抢网吧"，更是秉承一以贯之的作风，加快对软硬件的投入和技术层面的优化。

这一策略并没有表面看上去的那么缺乏重点。实际上，在很短时间内获得大量用户、不得不疯狂购入服务器的51，也正面临着硬件烧钱如流水、短时间内收入弥补不了开支的焦急状况。双方的用户都被培养出了大量上传图片、音乐和视频的习惯，UGC（用户生成内容）轻轻松松就能挤爆背后的硬盘容量和带宽。谁能通过这一场最严峻的考验，谁就能真正把用户留下。

腾讯的技术背景和多年积淀的深厚实力这时显示出了它的价值。技术团队制作出一张全国网速响应分布图，将打开速度高于5秒的地区标红，将其他区域按3秒以上和以下标为黄色和绿色，然后开始针对"红色警报区域"一块一块地啃，直到2007年年底才算基本消灭了网速最慢的那些区域。全国各地的网吧里，两家的地推人员也已经打了无数场保卫战，有时甚至爆发肢体冲突。到这时，靠着寸步不让的争夺，腾讯算是保住了自己的市场份额，尽管并不能阻止对手的崛起。

但是，到2007年，利用商业技巧一举崛起的51，也已经走到了必须解决自身各方面失衡的紧要关头。迅速获得用户不难，迅速获得收入却不易。如果不能尽快实现稳定的现金流，51的好景将难以为继。

51选择的战略方向是：去低端化，争取获得来自主流和成熟用户的认可。

彼时，年龄小的三四线用户还被认为忠诚度差、消费能力相对低下，这是 51 选择放弃他们的原因之一。另一半原因则是为了实现来自投资人在一年半内进军纳斯达克的目标,必须从根本上改变企业形象和客户结构。51 开始采用校园招聘、改变用户定位、调整公司结构等一系列方式来尝试摆脱过去的自己。

而这期间,腾讯也已经反复"加固城墙",对 QQ 空间进行了多轮优化,并大量封闭了 51 钻墙打洞从 QQ 空间向外引流的各种缝隙。紧接着,"彩虹外挂"事件发生了。

这是腾讯与 51 的一次直接交锋。51 主导的一家网络公司推出针对 QQ 的第三方插件"彩虹 QQ",它具有两个杀手锏级功能:显示好友实际 IP 地址,以及探测对方是否隐身在线。2008 年年底,腾讯将其判定为恶意外挂,在检测安装了彩虹 QQ 的电脑上,QQ 会弹窗提示、要求用户卸载彩虹 QQ,否则 QQ 将强行退出。一不做二不休,腾讯还分别提起了两次针对 51 的诉讼:一次是诉 15 名集体跳槽到 51 的原员工违反竞业禁止协议,另一次则是诉彩虹外挂涉嫌侵犯著作权及不正当竞争。

而此时的 51,由于过多地接纳了来自风险资本的注资,公司创始人的话语权被稀释。51 开始随着投资人的指挥棒起舞,放弃原本深耕细作的草莽路线,转而进军校园与一二线城市。2008 年 6 月,51 决定开放 API,快速引进上百款游戏,试图复制开心网获取白领用户的策略,但这个策略却对以 51 空间为大本营的原始用户形成了冲击。与此相伴的是管理层地震,51 经历了合伙创始人称病退出、大量从外面挖来的中高层管理者又大量流失等事件。腾讯在彩虹外挂事件和诉讼上的出手,正是瞅准了 51 元气大伤的时期。

一击之下，腾讯大获全胜。两年后诉讼结果出炉，此时 51 早已跌下顶峰，不再具备和腾讯争雄的实力。

相似的事情发生了：腾讯不是赢在自身的策略上，而是赢在对手的错误上。更为相似的点在于，尽管两个对手一个高端一个草莽，一个从上方施加威压，另一个则从下方咄咄进逼，它们落败的原理却是高度相通的。如果说 51 一开始的策略十分成功，那也正是腾讯从微软手中抢占即时通信市场的成功点所在；但 51 和微软的共同之处在于，二者都放弃了较为低端、消费能力较差的用户，而主攻想象中的"上流路线"，并且不再把用户的真实反馈当作自己决策的依据。相比起来，51 的错误更为深刻：它放弃了曾是自己立身之本的基础用户。

领先的公司总是很容易向高端市场迁移，向低端市场移动则极为困难。向下走意味着削减成本，但通过这种方法很难既获利又不损及自身的竞争力，相比之下，走向高端市场，通过更高性能的产品，获取更多、支付能力更强的用户，则是远为自然的一条路。这条路走到尽头，企业终归不免遭到"下方挑战者"的突袭，也终不免在其中一场突袭里彻底落败。它唯一能祈祷的也许就是，让自己的路走得再慢一点，再稳一点。

比起急不可耐向着高端市场移动的 51，腾讯展现出了惊人的稳固基盘的能力，在自身广阔的产品线上，进能通过开发抢占新市场，退则能以技术攻关夺回老用户。如果说过去一度还存在战略上冒进的可能性，那么与微软和 51 的两次战役无疑深刻地提醒了腾讯，怎样做才是真正的"时时刻刻以用户需求为本"。

## 第四节　放弃控制:交换意外的可能

### 对失控的初始态度: 严防死守

控制的问题第一次被腾讯自己提出,大概是在 2005 年。其时,腾讯刚刚完成自己的第二次组织架构调整,将原本研发和市场简单二分的架构,转化为由 5 个业务部门、3 个服务支持部门组成的 8 个序列,也即俗称的"BU(Business Units,业务系统)化"。

完成这次调整后,马化腾谈及了自己的新管理理念:"未来 5 年,腾讯最大的挑战就是执行力。市场怎么样,大家都看得见,但不一定都拿得住。通过完整的指标体系和组织结构保证压力的传导,通过严格考核和末位淘汰制留住好的人才,而所有这些,能把腾讯打造成一个不依赖个人精英,而是依靠体制化动力的成熟体系。"

客观上,这次调整其实是腾讯为了应对正在逐渐冒头的失控现象而做的。当时,多元化布局已经初步形成,无线业务、互联网增值业务、游戏、媒体等各有一大摊,对公司资源的争夺十分强烈,过去由高层统一协调的方式已经不那么好用了。从马化腾的表述可以看出,他期待的是一个运转良好、纪律严明、执行力内生为制度性存在的系统。尽管没有直接提控制,字里行间却弥漫着对控制力的追求。

这个问题被外部注意到,则是在一年以后。《21 世纪商业评论》

2006 年 6 月刊登的封面文章《企鹅帝国的半径》指出,随着业务版图和公司规模的快速扩张,腾讯将面临经营半径与管理半径不对称的难题。就像历史上,蒙古帝国由于管理半径(控制力和凝聚力)与经营半径(幅员)的严重脱节而骤然崩溃,腾讯也有可能因为管理能力对众多的业务领域和业务部门鞭长莫及,而遭遇重大的危机。

此时,控制还是追求的目标,而失控是需要防止的可怕后果。

马化腾本人一直被诟病为缺乏开放度,与互联网自由和分享的精神格格不入。2005 年,他就曾公开表示,QQ 不会考虑与各种即时通信工具互联互通。这一时期,远在大洋彼岸的互联网大本营,自由和开放的浪潮却如火如荼。2007 年,Facebook 以开放 API(Application Programming Interface,应用程序编程)接口引爆了程序开发者们的热情,次年 5 月,其全球访问量就超过了此前一直是行业龙头、地位稳固如山的 Myspace,其国内仿效者校内网也取得了不错的连带效应。压力十分自然地传导到了马化腾身上。

在拒绝与微软互联互通的时候,腾讯的理由是考虑到了用户价值、安全和费用等综合因素。此外,外界也有诸多分析,比如国内互联网环境影响等。而无论哪些原因更为真实和重要,腾讯整体拒绝开放,将手下的数据控制得很严密这一点,已成事实。

**控制与失控:一对双胞胎**

在更大的互联网世界里,不仅走向开放和失控的试验进行得如火如茶,支持它的理论也已横空出世。

在美国创办《连线》杂志、曾成功预言互联网浪潮的凯文·凯利,在他1994年出版的著作《失控》里,将"失控"的状态描述为巨大生态系统里的一种自发秩序,而不是混乱无序、低效率甚至自我毁灭。他举例说,单个蚂蚁或者蜜蜂的行动回路十分简单,但当巨量个体组成为组织体,整体的行动则呈现出一种近似于智慧生物的秩序和效率,这就是自下而上的集群智能(wisdom of crowd)。而始终自上而下的控制,是无法实现这种本质上没有限制和边界的智慧的。

尽管腾讯对外似乎显得有点死板,但其内部机制却十分有利于"自下而上"的灵感诞生。自从架构调整打破了研发和市场之间的区隔,产品经理实际上成了业务的真正推动者,从研发到市场都为其产品创意而服务。因为腾讯内部并没有规定一个现成的资源分配机制,各个业务模块处于一种类似"野蛮生长"的状态,各显神通凭本事争取资源的倾斜。外部弱肉强食、兵荒马乱的竞争环境,用一种模拟的方式被内化到了腾讯的组织架构里。

在这样的环境中,当看上去近乎顺水推舟的决策撞中了机遇的风口,很有可能爆发出任何人都意想不到的巨大能量。

2009年春节前后,一款名叫《开心农场》的游戏突然在校内网上开始火爆。这个由大学生创业公司"五分钟"自主开发的游戏,让每个用户扮演一片农场的主人,既可以在自家种菜、种水果,还可以去好友和邻居家偷菜。在2008年11月上线后,《开心农场》仅用一个月就冲破了日活跃用户数10万大关,并且很快在开心网上有了效仿者。

伴随着 SNS 社区的热度在中国互联网界不断升级，这一切终于发展到了 QQ 空间不能继续无视下去的地步。QQ 空间的团队正式向"五分钟"的 CEO 郜韶飞提出合作，经双方谈判，最终一次性买断了《开心农场》在 QQ 空间上的使用权。

没有人能预料到 QQ 空间与开心农场的结合会带来什么样的奇迹。2009 年 5 月 22 日正式上线的《开心农场》，第一天就被海量的用户数撑爆服务器。接下来的几天中，腾讯最精锐的程序员都被调集过来紧急重写软件，以应对这个令人窒息的状况。

到 2009 年 6 月 1 日，农场日活跃用户量达到 500 万人，并且人数仍在节节攀升，腾讯首席技术官张志东一次性批复近千台服务器，用以支援农场的运转。8 月的更新除了将游戏正式改名为《QQ 农场》，还将 QQ 会员黄钻体系与"种子""农药"等虚拟道具的购买全面衔接。整个 2009 年下半年，腾讯一共为农场增加了 4000 多台服务器——这是又一个"前所未有"。

或许最能体现农场效应之可怕的一个事实就是，腾讯从来没有对外公布过《QQ 农场》的流量数据，对其带来的收入也一直缄口不言。能知道的仅仅是，二者都是极为可怕的数字，也许在多年内都不会被超越。

Facebook 通过 API 开放战略达到的 3 亿级用户量，QQ 空间仅仅通过一个名为"QQ 农场"的小游戏就实现了。有趣的是，农场本身也是某种尝试性开放的产物。如果说在此之前的腾讯还是那个"走别人的路，让别人无路可走"的腾讯，那么在这之后，腾讯开始逐步意识到，不需要在所有的领域都力争生产出自身的替代性产品。只要熟练应用 QQ 横向衍生平台的流量入口,和国内首屈一指、早已玩得炉火纯青的虚拟货币增值体系,腾讯完全可以让各种模式的社交应用在自家门口大放异彩。

这当中真正需要的只是:清晰、公正的开放与分成规则,以及坚定不移的开放决心。这一时期的经验,也为腾讯后来在页游市场的通吃打下了基础。

## 真正的失控是什么?

毋庸置疑,虽然腾讯从农场的爆发中尝到了甜头,但这一示例离真正的"放弃控制"还很遥远,更谈不上借助失控的力量。此时的腾讯,只是初步地"放松控制"而已。

也许是再过了三四年,经历过"3Q 大战"等事件洗礼的马化腾,已经开始学会不仅仅从腾讯自身利益,而是从整个产业和互联网环境生态的角度去思考具体策略的后果,当 2012 年他在北京与凯文·凯利面对面坐下,谈及"如何寻找控制与失控的平衡点"这样的话题时,失控背后的真实力量才真正入耳入心。

2012 年的马化腾坦率地承认,已经突破两万的腾讯员工人数让他遭遇了"文化的稀释"和管理方面的困难,前一年时代周报刊登的《失控的腾讯帝国》也发出了让腾讯人不怎么愉快的质疑声:出手野蛮、放任过度竞争、KPI(关键功效指标)重压塑造抄袭文化……野蛮生长的腾讯是否已失控? 他认为,稳健地管理成熟业务和自下而上地推进新兴业务,两者应当并行不悖。

对一家特定企业来说,怎样才是有效的失控方式,恐怕只能从实践中去摸索。这之间的关键在于,一家已经发展到如此规模、高度复杂化的企业,已经不能再被单一命令所调度,按照简单的战略期望行事。控制它行动的应当不再是具体而齐整的目标,而是规则。

来自个体的战略判断始终是有可能出错的。马化腾本人就犯过不少这样的错误,即便不提早年对寻呼机的执着,即使在网络游戏如火如荼、如日中天的 2006 年,他也在接受《南方都市报》专访时表示过:"在我们看来,互动娱乐,可能在 2~4 年内会有增长,但基数到一定规模后增长肯定会放缓,甚至有可能不增长。所以长期的、稳定的收入模式还应来自企业付费和广告收入,包括搜索付费和电子商务。"实际上,到了 2011 年,网络游戏对腾讯公司的整体营收贡献已过半。

对于企业来说,"失控"首先意味着一种有利于创新的组织原则:新的开发小组应该按照有利于跨功能互动的要求来组成,并根据不同类型项目的特点来进行。因为突破性创新往往是颠覆结构的,要求原本业务毫不相干的人们彼此沟通配合,而积累式创新则往往是功能化的、模块化的,对组织架构没有什么"伤筋动骨"的要求。某种程度上,像玩泥巴一样把尽可能多的要素揉进初始队伍里,更有利于产生突破性的创新。同时,这个组织还需要相对于外界独立,以便不受企业本身内在环境的干扰和制约。

其次,"失控"还是一种新的执行方式。腾讯的"小步快跑、试错迭代"是对其的极佳阐释:创新的动力并非来自闭门造车的苦思冥想,而是应市场不断变幻的需求。夹杂着各种未尽如人意之处的产品被推向市场,然后以足够的敏锐度收集用户反馈,辅以高频度的持续修正,尽管每一次更新都不完美,但坚持下去、拥抱变化,产品最终会被打磨到一个令人满意的形态,而这种形态是通过使用和修改实现的,无法事前预知,这也是一种"失控"。

从2009年这个节点开始,经过持续几年对"失控"的细细品味,腾讯在很大程度上转变了之前的作风,最终做出了将腾讯网购和拍拍网并入京东、将搜搜网交给了搜狗等一系列放权的决定。整体战略上,腾讯专注于社交平台、数字内容及金融等"两个半"业务,其他垂直领域都与伙伴们合作。马化腾的心态也发生了改变:"过去确实有很多不放心,出于本能,很多事情都想自己去做。现在我们真是(只有)半条命,我们把另外半条命交给合作伙伴了。"

## 第五节 侧击战略:从不起眼的地方出发

### 初次挑战,败走麦城

腾讯对游戏的布局和发展,贯穿了前述所有战役的全过程。几乎没有办法撇开任何一项具体的策略,来谈论腾讯在游戏上采取的整体战略,这是一个最适合用来观测腾讯战略战术的万花筒。

早在2002年,腾讯第一次试图进入网络游戏领域时,几位创始人就各执一词,并不看好这个项目的远景,唯一坚定推行这个方针的只有马化腾自己，而他甚至都不是一名网络游戏玩家。马化腾眼中看到的是，在 2001 年还只有 3.1 亿元规模的中国网络游戏市场，到第二年已经上涨了 3 倍有余，达到了 10 亿元规模，网络游戏用户人数整体超过 800 万，而且展现出虽不惊人但十分稳定的消费能力。

在网络游戏真正兴起之前，中国的游戏市场基本被盗版单机游戏所占据，那些优秀的游戏培养了最初一批热爱游戏的玩家，却没有培养出相应的付费习惯。但换个角度，这也意味着，只要找到方法让游戏玩家们习惯付费，那么这个市场的初始规模和预期回报就比其他需要从头哺育的互联网产业可观得多。

其时，陈天桥的上海盛大网络刚刚用一年时间创下了 60 万人同时在线的惊人纪录，日收入达 100 万元，而这一切都是靠着代理一款来自韩国的游戏《传奇》实现的。网易的丁磊也凭《大话西游 online》积极耕耘网游市场，一举拿下亚军宝座。这些都被曾为盈利模式焦头烂额的腾讯看在眼中，无疑对腾讯的诱惑力极大。腾讯最终选择用代理一款韩国 3D 角色扮演游戏《凯旋》的方式加入场中。

但前文提到的"高端路线"的魔咒也应验在了腾讯身上。

从技术层面负责这个游戏的李海翔日后回忆说："我们当时觉得，要引进就引进最好的，开发《凯旋》的韩国团队是全亚洲技术水平最高的专家组合，游戏采用了 3D 引擎中最为强悍的 Unreal Ⅱ 引擎来开发，我们第一次看到游戏时，都被画面的华丽程度给镇住了，甚至可以说直到 2005 年也少有其他的游戏能超越其 3D 水准。"

2003 年 4 月，腾讯刚对外宣布一个月后内测时，有 20 万玩家注册报名。但由于汉化复杂程度超出预期,内测前 4 天,游戏部门被迫发表内测推迟声明,士气在"一鼓作气"后经历了"再而衰",从而使得内测当日服务器被撑爆后的"三而竭"也显得不那么突兀了。

如前文所述,《凯旋》对当时电脑配置和网络宽带的要求都相当高,这个要求脱离了绝大多数用户的实际,因此,尽管技术团队对底层程序和服务器进行了多次优化,仍无法实现令人满意的运行效果。不到半年时间,《凯旋》就爆出了两次恶性 bug,在玩家中被戏谑地叫作"卡旋"。这次试水,以游戏运营部门"败走麦城"被收编而告一段落。

## 二度挑战:侧击战略制胜

然而,《凯旋》带来的教训有多大,后来的腾讯在休闲竞技类小游戏上做得就有多成功。

时间进到 2005 年,全国网络游戏产业规模已达 61 亿元,早已不是腾讯上一轮试水时的小打小闹。市场主流仍是几年前的 MMORPG(大型多人在线角色扮演游戏),仅仅是画面更美、效果更好了而已。其他类型的游戏虽然也各自圈出小块地盘,却完全不能与主流游戏的规模相提并论。而这块游戏的山头,仍被网易、盛大、九城等公司把持得牢牢的,它们不仅拥有丰富的开发经验和用户熟悉度,而且已经将盈利策略进化到了全免费网游阶段,即使对于擅长赶超的腾讯而言,这时再想后发制人也已经不太现实了。

在这种环境下,腾讯互动娱乐部负责人任宇昕做出那个后来被他称作"后发者的侧击战略"的判断，的确需要非同寻常的勇气。他提出，现在休闲类游戏用户总数达到 1790 万人，甚至比 MMORPG 的 1590 万人还要多，腾讯应当全力聚焦于休闲竞技类游戏，做到成为类型冠军，将这部分用户收入囊中。

清晰的战略目标形成了，此后就是华丽地接连出手。2006 年 7 月，腾讯以《QQ 音速》涉足音乐竞速领域；次年年初，《穿越火线》和《地下城与勇士》则帮腾讯分别在枪战类和格斗类游戏中抢占了山头。这两款格外受欢迎的游戏大大超越最初同时在线用户数 30 万的期望值，仅用一年时间就分别达到了 220 万和 150 万；同年，《QQ 飞车》和《QQ 炫舞》继续为腾讯进军赛车类和舞蹈类游戏。此时，在休闲游戏的几块主要山头上，腾讯已悄然现出王者之势。

腾讯谙熟的平台导流和会员特权等级制在此再度显示了威力。通过设置"超级玩家"的特别权限，推出蓝钻、紫钻、黑钻会员资格等衍生增值服务，腾讯继续将大量的普通 QQ 用户推向这些平易近人的休闲类小游戏，并进一步为自己创造营收。

2008 年度，盛大全年游戏营收 34.23 亿元；一向排名靠后的腾讯游戏由第六一举跃升为第二，全年游戏营收 28.38 亿元，超过网易，非常逼近盛大。同年，腾讯游戏与 Riot Games 签下合约，成为其爆款产品《英雄联盟》的中国代理商。2009 年第二季度，腾讯游戏营收超越盛大。2010 年一季度，腾讯游戏市场份额达 25.43%，首次超越四分之一。在接下来的 3 年里，《英雄联盟》横扫了几乎绝大多数国内网游主流玩家的电脑屏幕。

由于腾讯通过 QQ 掌握了最大规模的用户群,这个群体和任何一个细分群体——网购者、大学生、社交网络使用者、网络游戏用户——都有极高的重合度,从而使得腾讯能够非常容易地以入口分流的方式将任何一个用户群区分出来,并为其量身定做运营模式。

2015 年,吴宵光曾经解释道:"QQ 的用户基数非常大,QQ 会员大概有三四千万,只占百分之几。如果用户基数太小,百分之几就没有意义。只有做到这么大规模时,才有机会做百分之几的用户商业模式。"这段话同样也适用于游戏市场,尤其是在分为多个细分领域的休闲类游戏市场。

曾服务于腾讯战略发展部的前战略顾问刘官华说,腾讯在了解用户方面非常有特色,基于 QQ 账户和背后联动的关系链体系,形成了一个特别细致的数据仓库;加之特别广泛的业务线,可以得到更加立体的用户自然属性、社会属性和行为属性。各个产品在此起点上,可以充分利用对用户的理解快速展开业务。

后发者的侧击战略实际上结合了腾讯最擅长的两个部分:做一个后发的模仿者,以及通过小步试错和渐进实现产品的快速优化。从内部来看,腾讯擅长通过小规模的试错,进入一个全新的领域,在开始时猜对正确的策略并不重要,重要的是保存足够的资源,可以进行第二次、第三次努力。这也是很多创业团队得以成功的策略,从实际效果来看,腾讯相当于在内部供养了大量精锐的创业团队。

而从外部来看,向休闲游戏出手不仅起点低,周旋余地大,还可以发挥腾讯如同八爪鱼一般多方出击的特长,实现与现有 QQ 用户兴趣点最大限度的重合,并同时避免像《凯旋》这类大游戏一样由于初始投入过高而遭遇惨重失败的情况。二者结合,可以算是"优势战略集大成者"了。

这个时期,腾讯也不负它"战争之王"的身份,分别以 QQ 堂和 QQ 游戏挑战了网游界的两大霸主:盛大与联众。由于仍在沿袭它后发模仿者的战略,这时期的胜利尽管得到了法律的认可,却一定程度上失了民心。但从结果而言,到 2009 年第二季度,腾讯的季度净利润已经接近盛大的三倍。至 2013 年第一季度时,国内网游界第二名至第六名的营收总额加起来,也只达到腾讯网游营收的 2/3 左右。

腾讯就这样成了无可争议的游戏界霸主。而一度占据棋牌游戏市场 80% 市场份额的联众、曾是天之骄子的盛大,都由于战略的迷失或战术的不力,被远远抛在了后面。

有观点认为,马化腾的长处在于擅长保持进取和防御之间的平衡,总能将新产品的开发周期与企业自身的生命周期结合在一起,确保资源既不浪费,也不会被虚耗。这一点虽然不像其他战略长处一样明显,对于企业的稳健发展却至关重要。

腾讯的对手中,试图用全平台方式运营者并不在少数。盛大的陈天桥就曾喊出打造"网络迪士尼"的口号,相继涉足文学、音乐、旅游、影视、视频等多个平台,试图以网游为依托,建构一个庞大的娱乐王国。然而,此举却将它自身拖入了多头并进、无一重点的泥淖中,盛大创新院孵化或收购的数十个移动互联项目,很多都活不过一年半载。在外人看来,盛大表现得"东一榔头西一棒子"。

事后看来,这当然不得不说是腾讯的运气——它掌握的事物被证明是后来整个互联网发展的定盘星。即使已经发展到了移动互联网的阶段，以人际交互为核心的通信工具仍然无法被别的应用所取代，而只是不断迭代、演进出新的形态。而次世代的霸主级通信工具——微信，依然被掌握在腾讯手里，这是运气，却也不是运气。尽管腾讯的胜利总是表现得十分低调、朴实无华，但仅仅用对手的犯错是无法解释它一路走来的顺利的。

在同批上市的互联网企业中，腾讯并不显得突出。然而事后看来，腾讯最敏锐地抓住的那条常常被人以"抄袭大王"诟病的"后发路径"，却的确是政治经济理论都认可的"后发优势"在现实中的有效应用：后发者通过引进先发者的技术、设备或知识，像一个小学生一般最大限度地学习和借鉴先发成功者的成功经验，绕开其掉进过的坑，最快地实现对先发者的追平和赶超。

这的的确确是模仿，但并非毫无自尊的亦步亦趋，"小学生"的心里始终憋着一股劲："等着瞧，最终我会做得比你们更好！"而在拥抱本土化、实用化、快速进化的策略之后，这个誓言也的确常常能够成为现实。

有趣的是，小到特定领域的技术革新，大到国家层面的战略选择，这一策略也几乎无一例外地会遭遇优势竞争对手的鄙薄、嘲笑和冷遇。但它的屡战屡胜也说明，如果单纯从道德角度去看待此类竞争，多半遗漏了其中更有价值、更值得加以重视的那部分意义。

第四章

# 战略转型期：封闭
# 到开放，PC 到移动

失败，是每个公司的必经之路。在战略架构中，失败并不可怕。真正考验人的，是重新站起来的勇气和毅力，还有智慧。失败并不有趣，也不会轻松，但绝大多数的失败都是可以避免的。优秀的创业者，有能力及时止损，不管是左转、右转，还是掉头，或者重觅新路，他们一定会去实现。

　　在腾讯历程上，"3Q 大战"代表了一次重大的战略失败。这里所指的，不仅是"3Q 大战"事件本身，更是引发该起事件的种种原因。一件事情的发生，往往不是以简单的理由就可以说明白的。在"3Q 大战"发生之前，腾讯经历了腾讯网的险胜以及腾讯微博的失利，各种问题集中一起，才让"3Q 大战"变成了一个大事件。

　　美国高科技风险投资公司 In-Q-Tel① 创始人吉尔曼・路易曾说：

_____

　　①　位于美国弗吉尼亚州阿灵顿，其任务是使 CIA（美国中央情报局，Central Intelligence Agency）拥有最新的信息技术以支持美国的情报能力。

"不要单独去看任何一个项目成功或失败的可能性；相反，要对你在一个投资组合的背景中的整体表现做出评价。这其中的区别很微妙，但也很重要。"创业也是如此，不能单独去看一个事件的成败，而是要结合全局，考虑整体表现和策略。改变失败要从整体考量，站在战略的高度去把控。

在战略意识上，腾讯一直是后知后觉的好学生。因此，在"3Q大战"后企业被迫转型时，一度面临"最坏的时刻"。但好学生的特质是善于总结，保持思考。腾讯卧薪尝胆，一步一步地从封闭到开放，从 PC 到移动。如今，移动端腾讯的表现令人瞩目，正是开放为它创造了价值。

这是腾讯第一次具有明确的战略思维，重新自我定位、盘点资源、做出对应的架构调整，战略先行，结合"小步快跑，试错迭代"的特质，腾讯一夜长大，完成了自己的"成人礼"。

## 第一节　选择正确的武器

2003 年，马化腾着手创建腾讯自己的新闻门户——腾讯网（www.qq.com）。他想在即时通信工具之外，把门户网站开发成另一个入口，这样腾讯就有机会形成"一横一竖"的业务模式，将所有的互联网服务囊括进去。想法成型之后，他力排众议，投入了很多资源去落实。客观说来，这是腾讯早期为数不多的有战略性思维的一个决策。

初建时的腾讯网是一个没有特色的门户网站。不客气一点说，作为后来者，它不仅没有差异化竞争优势，还表现得像个拙劣的复制品，从分类到内容，几乎完全拷贝了当时其他主流的新闻门户。

对于打造新闻媒体的不可替代性来说，有两条铁律：要么有碾压竞争对手的速度，即新闻报道的时效性；要么有高于竞争对手的独特视角，即引导舆论的态度。2003 年的腾讯网，还在做一个合格的媒体的道路上探索，这两个更深层次的追求无疑可望而不可即。

需要说明的是，相比其他门户网站，腾讯有即时通信工具带来的天然流量优势。背靠中国最大的即时通信工具，在重大事件及突发新闻上，腾讯网可以第一时间通过 QQ 弹窗及时弹出新闻提示，比人们专门登录门户网站查看新闻场景需求更清晰，时效性更有保障。

毫无疑问，腾讯举起了战无不胜的流量武器，准备大杀四方。

被 QQ 直接导入的流量一手扶起，腾讯网再次论证了再开发一个流量入口的重要性。因此尽管腾讯网的运营一直没有起色，但是腾讯始终不抛弃、不放弃，在战略转型中对其寄予厚望。当时，腾讯网最大的痛点在于，有流量，但是无法很好地转化，缺乏差异化的核心竞争力、影响力和广告价值。

这是腾讯一直以来难以突破的点。上亿体量用户，但低龄用户并非社会生活的主要消费人群和社会舆论的主流传播力量；把持着流量入口，但过于畸形的漏斗模型带来的转化堪忧。

当时，门户网站上的广告主行业前 5 位的分别是汽车、金融、房产、IT 数码产品和互联网公司，在大广告主的需求中，腾讯的用户被画像为低购买力人群。而腾讯对于如何定性自己的媒体态度,吸引和凝聚优质的可转化的客户这些流量以外的事情也是一筹莫展。

在相当长的时间里,腾讯网像个营养过剩的侏儒。它的媒体价值与它的流量一直不能匹配,尽管头部新闻的点击、阅读的数量很快成为天文数字,但媒体影响力远不如新浪,在广告收入上也无法和新浪、搜狐和网易三个传统门户巨头相提并论。

直到 2005 年,腾讯网做到了流量仅次于新浪、搜狐、网易和 TOM,排名第五。但当年其全年的广告收入才约为 1 亿元,同个量级上,新浪网当时年度广告营收有 5 亿多元。

2005 年 8 月,腾讯网再次改版,宣布从"青年的新闻门户"向"立志做最好的综合门户"转型,这意味着腾讯网找准了自身定位,开始发起进攻模式。在之后的一年里,腾讯从三大新闻门户及传统纸媒中大规模"挖人",迅速组建起一支 400 多人的编辑团队。

从 2006 年开始,腾讯网借助 QQ 发动了强劲的流量攻势。在 4 月 16 日到 5 月 6 日的 3 周内,腾讯网流量首次超越新浪网。腾讯起步已经很晚了,虽然硬生生靠着 QQ 的流量强势导流,但是找准自身定位全力追赶的速度还是慢了些。

用流量做武器,让腾讯赢得异常艰难。前路漫漫,仅有流量支撑,总有一天会把自己逼上绝境。最终,拯救腾讯网的并不是富裕的流量,而是创新的互联网广告模式。

2007 年左右,互联网领域掀起了关于精准广告的议论。通过收集整理用户的消费记录,互联网平台可以为之推送相关的广告信息,达到个人定制广告的效果。而腾讯也是在这一年提出了"腾讯智慧"——
MIND 模式，并借此在门户网站广告领域往前迈了一大步。

Measurability：用可衡量的效果，来体现在线营销的有效性、可持续
性以及科学性。

Interactive Experience：用互动式的体验，来提供高质量的创新体验
和妙趣横生的网络生活感受。

Navigation：用精确化的导航，来保障目标用户的精准选择和在线
营销体验的效果。

Differentiation：用差异化的定位，来创造在线营销的不同，满足客
户独特性的需求。

依托互联网技术，精准分析消费者，这时的腾讯已不再是手握流量
的"土豪"，而是迈向数据分析的智慧企业。

2007 年，腾讯网络广告收入比上一年年底增加 84.9％，达到 4.93
亿元，占集团总收入的 12.9％；到 2008 年，其广告收入增加到 8.26 亿
元，同比增加 67.5％。2012 年，腾讯的网络广告整体收入第一次历史性
地超过了新浪网。

自 MIND 模式提出并成功运行之后，腾讯的网络广告业务便活了
下来。后来在移动互联网时代，网络广告也发挥了不可忽视的作用，譬
如广点通这样的广告服务，覆盖了从 PC 端到移动端，从空间 Web 流量
到手机 QQ 空间的跨平台流量，实现了腾讯和广告主的双赢。

有的时候，你自以为强大的武器，并不会产生想象中的力量。当万
能的战略武器失灵的时候，你该怎么办？慌乱、紧张、无计可施，甚至是

一错再错,这些都是不可取的表现。旧方法不行,就一定要找到新的出路,再造一个武器,用创新来解决问题,而不是傻傻地坐以待毙。

## 第二节　学人者生,类人者死

腾讯对新浪的追赶,慢半拍的不只是门户网。在腾讯所向披靡的路程中,新浪算得上是一个不容小觑的敌人。尽管没能在大体量上超越腾讯,但新浪也的确在社交领域给了腾讯一记重拳。

2006 年之后,随着腾讯、阿里和百度等公司的崛起,新闻门户模式被边缘化,老三强——新浪、搜狐和网易相继陷入成长低迷期。张朝阳的搜狐焦虑地布局多元化,从输入法、网游到视频四处出击,反而分散了核心精力。丁磊的网易一向擅长审时度势,不留恋门户网站的落日余晖,转头专心耕耘网游业务。

最局促的自然是老大哥新浪,从来排名门户第一的新浪,翘首期盼着一款伟大的产品来证明自己存在的价值。

2009 年 8 月,新浪推出新浪微博,它也是一款外国软件的"汉化版",这一次模仿雏形是杰克·多西在 2006 年 3 月创办的 Twitter(推特)。Twitter 140 字限制的神来之笔,一经问世,迅速风行全球。2007 年时,Twitter 平均每季度会产生 40 万条消息,而到了 2008 年,这个数字已经增长至 1 亿,其一跃成为全世界用户分享、传播以及获取消息的平台,排名前三。

不出意外，新浪微博延续了 Twitter 的幸运，当年 11 月 2 日，新浪微博用户数突破 100 万，距离公测仅 66 天时间。2010 年 4 月 28 日，新浪微博用户突破 1000 万；2010 年 10 月底，新浪微博用户一举突破 5000 万。

本土化的过程中，操盘手曹国伟和陈彤运用他们非常娴熟的媒体运营手段，发挥明星效应，让新浪微博以令人吃惊的速度吸引了网民的眼球。新浪微博迅速占据中国微博用户总量的 57%，以及中国微博活动总量的 87%，是中国访问量最大的网站之一。

随着智能手机的普及，具有天然的移动属性的新浪微博进入空前鼎盛的时期，成为国民性的现象级产品。在"3Q 大战"白热化期间，微博是周鸿祎的战场，也是他的武器，很多舆论都在那里发酵成为媒体素材。

2010 年 11 月 5 日，新浪微博群组功能产品——新浪微群开始内测，微群产品具备了通信与媒体传播的双重功能，剑指 QQ 群组，门户增长乏力的新浪意欲在腾讯的主场安营扎寨，势要拿回一城。

新浪首席执行官曹国伟，毕业于上海复旦大学新闻系，在做过短暂的记者之后赴美国俄克拉荷马大学学习，获得新闻学硕士学位，随后取得德州大学奥斯町分校商业管理学院财务专业硕士学位，这样的经历让他与社交媒体的运营有着天然的契合感。

总编辑陈彤同样术业专攻，曾经在体育沙龙版块创造了中文网站的访问记录。他在 1998 年提出的"快速、全面、准确、客观"的新浪新闻"八字方针"至今仍被业界广泛认可并沿用。由于为中国主流网站培养和输出了众多新闻、体育、财经、科技、视频等各频道的编辑，新浪网运营部也因此被誉为网络编辑的"黄埔军校"。

自 2009 年 8 月 14 日内测开始,新浪微博就采用了与新浪博客同样的推广策略,即主动邀请明星和名人开微博,并对他们进行实名认证。而陈彤领导的编辑团队再一次担负起该项战略的主力。曹国伟+陈彤,在社交领域上就是一个强强组合,而且不难预见后续资本运作的想象空间。

这一次,新浪挑战的是腾讯最强大的领域——网络社交。

这委实是一场苦战。腾讯做好了核心产品即时通信工具,战略性地向门户的流量入口进击。而新浪立足门户的大本营也不坐吃山空,在微博站稳脚跟后就向腾讯做大的蛋糕伸手。社交网络有鲜明的网络效应特征,从某一方面来说,只会出现赢者通吃的博弈结果。

新浪微博的迅速走红,撼动了腾讯用户基础的根基,这使得一向自信的腾讯乱了阵脚,慌忙上阵迎战。

2010 年 5 月,腾讯微博匆忙上线,却也已经比新浪微博迟了整整 8 个月。时间差上的距离本就难以逾越,策略上还输人一着。对标新浪微博,花大力气说服明星、名人和各路意见领袖们转投腾讯微博,过程可谓艰辛。曾有一度,马化腾亲自出马邀约名人。

尽管在 2011 年 2 月,腾讯就匆匆宣称腾讯微博的用户数达到 1 亿,甚至刘翔等体育明星的粉丝数超过了 1000 万,但所有人都知道,其与新浪微博一战,胜算渺茫。

腾讯微博在与新浪微博的 PK 中,原来庞大的用户网络虽然起到了很好的拉新作用,但是用户的黏性并不是非常高,其中有以下 3 个方面的原因：

首先，在移动端的应用中，腾讯还没有成熟的用户基础，大部分 QQ 用户在手机上还是全新的用户。新浪微博具有先发的优势，用户已经在新浪微博中形成一个相对牢固的社交圈，再加上新浪微博的名人明星攻势，腾讯微博确实显得乏力，即便再努力追赶也只是同类型的产品，没有太多超越的机会。

其次，腾讯的用户群体更多是熟人社交，对比微博这个产品更多是满足人"与明星平等对话"，或者找到"成为明星"的心理而言，在纯熟人社交网络中反而难以放开并且缺少成就感，所以腾讯的用户群体并不能对腾讯微博起到很好的助力作用。

最后，在微博中选择合适的话题非常重要，新浪是新闻起家，因此在社会热点的捕捉能力上更强。像微博这样的社交媒体，不同于开心网等 SNS 平台有游戏做热点支持，如果单靠用户之间的互动保持热度不是长久之策。而新浪微博另辟蹊径，结合自身的社会热点新闻引发讨论，提高了用户的活跃度与黏性。

能战胜微博的，一定不是另一个微博。因为时代不同了，操作系统更换了，不再是简单的产品升级换代而已。对于腾讯来说，其正处于一个时代的转折点，稍有不慎，就会面临被时代甩掉的残酷命运，在腾讯微博与新浪微博的 PK 中，腾讯已经显现出颓势，急需一款能够颠覆过去 PC 互联网思维的产品来稳住阵脚。

学人者生，类人者死，即使有再多的流量导流也扶不起。世道变换得太快，眨眼之间，移动互联网时代已经到来，腾讯的出路又在何方？

## 第三节　从没有最好或最坏的时刻

"最坏的时刻"

"3Q 大战"时间线

360 vs 腾讯

前奏

2006 年 7 月 27 日,奇虎公司正式推出 360 安全卫士。

2006 年 12 月,QQ 医生嵌入在 QQ 2006 登录框中,被定位为一款帮助用户快速扫描确定无盗号木马的工具。

升级

2008 年 7 月 17 日,奇虎 360 宣布推出免费杀毒 360,并对用户承诺将进行永久的免费服务。

2010 年 1 月 21 日,QQ 医生 3.2 正式推出,其中包括了诺顿防病毒软件半年免费特权。

2010 年 5 月 31 日,QQ 医生的全新升级版本电脑管家 4.0 Beta1 正式推出,全新界面设计,新增云查杀毒、清理插件等主流杀毒软件功能。

2010年1月，使用360杀毒软件的用户达到1亿；同年6月达到2亿。


### 爆发

2010年9月27日，360发布直接针对QQ的"360隐私保护器"，在网站上开设《用户隐私大过天》的专题网页，集中火力谴责腾讯"窥探用户隐私行为"。

2010年10月11日，腾讯QQ弹窗发表《QQ产品团队严正声明》。腾讯打出"弹窗声明＋法律起诉＋同盟呼应"的最高级别组合拳。


### 强逼

2010年10月29日，360推出工具"扣扣保镖"声称其能为QQ加速，而方法就是允许用户自行卸载QQ弹窗、QQ广告、QQ音乐、QQ宠物、QQ秀等QQ的强制附带服务。

2010年11月3日，腾讯发表"在装有360软件的电脑上停止运行QQ软件"的公告，推出"卸载QQ"和"卸载360"二选一的不兼容页面。

360弹窗反击，坚称腾讯"绑架和劫持用户"，推出能够接入Web QQ客户端的预案。

腾讯关停Web QQ，直接跳转到不兼容360公告页面。

360下线"扣扣保镖"，恳请用户"三天不使用QQ"以抗议腾讯

QQ 不尊重用户的行为。

腾讯向 360 开出了"和解条件",要求其卸载"隐私保护器"并赔礼道歉。


结束

2010 年 11 月 21 日,腾讯公司和奇虎公司分别在各自官方网站上做出声明,向社会和网民道歉。


就在网络广告有了一些转机后不久,"3Q 大战"打响了。对腾讯而言,这一度意味着"最坏的时刻"。

在 3Q 战况白热化期间,马化腾首次主动邀约深圳的 4 家媒体做专访。有记者问道:"在你看来,这是不是腾讯历史上最大的灾难?"马化腾答:"肯定是。而且是人祸,不是天灾。"

2010 年 11 月 15 日,被起诉的周鸿祎再次发表题为"与其苟且活着,不如奋起抗争"的博客,强调"弱势者"的反叛立场:

"QQ 是一个封闭的帝国,它依靠用户在 QQ 上积累的社会关系,强制用户使用它的产品。

在中国,互联网的竞争环境很恶劣。垄断势力不仅仗势欺人,用自己的市场地位欺负创业公司,甚至不惜牺牲用户的权益,强行胁迫用户卸载其他软件。"

这呼应了他赤身上扑时对自己此次"起义"的定位——草根创业者对垄断者的反叛,在檄文性质的微博中,他来势汹汹地写道:"3Q 之争,本质上不是 360 和腾讯的斗争，而是互联网创新力量和垄断力量的斗争，360 在垄断力量挤压下找到一条生路，也是为其他互联网创业公司找生路。"

先发制人，直攻七寸，击中要害。

在中国的互联网创业者中，没有人比周鸿祎更懂舆论的力量和运用舆论的方法。从绰号"红衣"开始，周鸿祎就展现着营销者的天赋——"祎"字不常见，于是他常年穿着一件红色的衣服，既提醒别人自己名字的正确读法，又树立了鲜明张扬的个人品牌，"红色"的颜色内涵还方便他后续植入自己的品牌形象：永远敢于说真话的反叛者和抗争者。

在现在的"IP（Intellectual Property，知识产权）经济"里，这个人设树立得绝妙，有无限的内容可以植入，附上"耿直""真性情"等关键词可以不费力气地将其打造成意见领袖。在当时，周鸿祎微博的声讨言论自第一条发布开始，就迅速传播，战争伊始就置腾讯于舆论泥沼之中。

"在与理性永恒的冲突中，感性从未失过手。"法国社会心理学家古斯塔夫·勒庞对群体心理研究的定论，解释了腾讯在此次交手中被动挨打、无力还手的根源。

首席战略投资官刘炽平上任不久，腾讯制定出新的发展蓝图和战略主张：腾讯希望能够全方位满足人们在线生活不同层次的需求，并希望自己的产品和服务像水和电一样融入人们的生活当中。

"在线生活"的战略，不仅有违传统企业战略理论的竞争优势导向，看不出边界的多元化扩张也埋下了对企业"包办""垄断"的质疑的种子。

起初，是在《21 世纪商业评论》主笔吴伯凡对腾讯的专访中，把扩张中的腾讯比作要开疆拓土的帝国，表达了对其核心统治能力能否覆盖管理半径的担忧。主流媒体的措辞得体、克制,但"企鹅帝国"这个充满侵略性的词语,首次见面就给看客们留下了深刻的印象。

互联网观察记者程苓峰为腾讯耸人听闻的舆论形象添上了一把火,他把腾讯的多元化战略总结为:紧盯市场动态,以最快的方式复制成功者模式,利用 QQ 用户优势进行后发超越。2016 年 6 月,腾讯的扩张型战略已经被具象成"抄袭"和"垄断"的形象。

以至于腾讯的扩张型战略执行得越好,"在线生活"各个领域的成绩越亮眼,外界对"抄袭"和"垄断"的不满就积攒得越多。有人评价,腾讯迈着大步向前冲,路经之处,寸草不生,所杀之处,片甲不留。

积怨终会爆发。2010 年 7 月 24 日,一篇名为"狗日的腾讯"的报道在网上炸了锅,其文言辞辛辣、咄咄逼人,直言腾讯是一个贪得无厌、无恶不作的"怪物"。《计算机世界》的这篇报道在杂志正式发行前两天被贴到了中国的每一个门户网站上,它如同一篇不容争辩的"檄文",让腾讯陷入空前的舆论围攻之中。

四面楚歌之际,"红衣大炮"一开腔,于腾讯,注定是一场舆论先输的战役。和奇虎 360 交锋的刀光剑影间,彻夜难眠的不只有公关们,企业决策者也受到了触及价值观的拷问。

"在线生活"战略提出的本意是更全面地服务用户,而被 360 死死踩住的痛脚却是对用户权益的伤害。流失的用户正是用脚投了票,对憨厚企鹅的不作恶,不再信任。这才是真正进退维艰的时刻,腾讯充满困惑。

此时,让腾讯百思不得其解的,不是和 360 的战斗,而是自己究竟出了什么问题。

## 开放的起点

2010 年 10 月 14 日至 2014 年 10 月 16 日,腾讯和 360 进行了 4 年的拉锯战。双方三起上诉,聚集了互联网界业内人士的目光。

### 第一起:腾讯起诉 360 隐私保护器不正当竞争

**起诉**

2010 年 10 月 14 日,腾讯针对 360 隐私保护器曝光 QQ 偷窥用户隐私事件,宣布起诉奇虎不正当竞争,要求奇虎及其关联公司停止侵权、公开道歉并做出赔偿。

**一审**

2011 年 4 月,北京市朝阳区法院曾对此案做出一审判决,腾讯胜诉:奇虎捏造事实的行为构成不正当竞争,判令奇虎公司赔偿 40 万元。

奇虎 360 向最高人民法院提起上诉。

**二审**

2011 年 9 月 29 日,北京市第二中级人民法院维持原判。

### 第二起:腾讯起诉 360"扣扣保镖"不正当竞争

**起诉**

2011 年 8 月,腾讯向广东高级人民法院提起诉讼,称奇虎 360 的"扣扣保镖"是打着保护用户利益的旗号,污蔑、破坏和篡改腾讯 QQ 软件的功能,并通过虚假宣传,鼓励和诱导用户删除 QQ 软件中的增值业务插件、屏蔽原告的客户广告,而将其产品和服务嵌入 QQ 软件界面,借机宣传和推广自己的产品。为此,腾讯公司向其索赔 1.25 亿元。

一审

2013 年 4 月 25 日,广东省高级人民法院做出一审判决,腾讯胜诉:奇虎公司构成不正当竞争,判令其赔偿腾讯公司经济损失及合理维权费用 500 万元。

奇虎 360 向最高人民法院提起上诉。

二审

2014 年 4 月 24 日,最高人民法院维持原判。

## 第三起:奇虎 360 起诉腾讯滥用市场支配地位

起诉

2012 年 11 月,奇虎公司诉至广东省高级人民法院,指控腾讯公司滥用其在即时通信软件及服务相关市场的市场支配地位,向其索赔 1.5 亿元。

一审

2013 年 3 月 28 日,广东高院一审判决,腾讯不构成垄断,奇虎承担诉讼费 79 万元。

奇虎公司向最高人民法提出上诉。

二审

2014 年 10 月 16 日,最高人民法院认定腾讯旗下的 QQ 并不具备市场支配地位,驳回奇虎 360 的上诉,维持一审法院判决。

三起法律诉讼,腾讯均大获全胜。法律认证,腾讯没有构成垄断,没有仗势欺人,更不存在"店大欺客"的情况。然而,舆论并不关心这些。如果腾讯仅仅是依靠法律来证明自己,那么在人们心中,它仍然是失败的。"3Q 大战"影响之大,的确让人"难以忘怀"。舆论早就不关心结果,何谈认可?攻城略地的"帝国"在这场战役中失去了它的人民,到底是意难平。

如何夺回失地，赢得人心？2010 年 11 月 11 日，腾讯迎来 12 岁生日，马化腾通过内部邮件发布致全体员工的信，全文如下：


亲爱的同事：

　　就在两个小时前，我刚刚离开腾讯公司成立 12 周年庆典现场。在庆典现场，我更多的是强调感谢，感谢兄弟姐妹们 12 年来与公司的相守，感谢危难时刻大家万众一心的坚持。但是此时此刻，重回到自己的办公室，我还有一些思考想要分享给大家。我是一个不善言辞的人，所以选择邮件的方式与大家沟通。

　　公司成立以来，我们从未遭到如此巨大的安全危机。这段时间，我们一起度过了许多个不眠不休的日日夜夜。当我们回头看这些日日夜夜，也许记住的是劳累、是委屈、是无奈、是深入骨髓的乏力感。但是我想说，再过 12 年，我们将会对这段日子脱帽致礼。

　　作为公司领导人，我个人有必要在此刻进行反思，并把这些反思分享给大家。

　　1. 这不是最坏的时刻

　　也许有人认为，腾讯公司正在经历有史以来最危险的挑战。但我想说的是，真正的危机从来不会从外部袭来。只有当我们漠视用户体验时，才会遇到真正的危机。只有当有一天腾讯丢掉了兢兢业业、勤勤恳恳为用户服务的文化的时候，这才是真正的灾难。

　　2. 也没有最好的时刻

　　12 年来，我最深刻的体会是，腾讯从来没有哪一天可以高枕无忧，每一个时刻都可能是最危险的时刻。12年来，我们每天都如履薄冰，始终担心某个疏漏随时会给我们致命一击，始终担心用户会抛弃我们。

### 3. 让我们放下愤怒

这段时间，一种同仇敌忾的情绪在公司内部发酵，很多人都把360公司认定为敌人。但古往今来的历史告诉我们，被愤怒烧掉的只可能是自己。如果没有360的发难，我们不会有这么多的痛苦，也不会有这么多的反思，因此也就没有今天这么多的感悟。或许未来有一天，当我们走上一个新的高度时，要感谢今天的对手给予我们的磨砺。

### 4. 让我们保持敬畏

过去，我们总在思考什么是对的；但是现在，我们更多地应该想一想什么是能被认同的。过去，我们在追求用户价值的同时，也享受奔向成功的速度和激情。但是现在，我们要在文化中更多地植入对公众、对行业、对未来的敬畏。

### 5. 让我们打开未来之门

政府部门的及时介入，使得几亿QQ用户免受安全困扰。现在是我们结束这场纷争、打开未来之门的时候。此刻我们站在另一个12年的起点上。这一刻，也是我们抓住时机，完成一次蜕变的机会。

也许今天我还不能向大家断言会有哪些变化，但我们将尝试在腾讯未来的发展中注入更多开放、分享的元素。我们将会更加积极推动平台开放，关注产业链的和谐，因为腾讯的梦想不是让自己变成最强、最大的公司，而是最受人尊重的公司。让我们一起怀着谦卑之心，以更好的产品和服务回馈用户，以更开放的心态建设下一个 12 年的腾讯！

开放、分享，这是马化腾反思"3Q 大战"危机之后的结论，这也是腾讯提出开放战略的起点。2016 年 7 月 3 日，在央视《对话》节目中，主持人陈伟鸿提问马化腾："在写信之后的这些日子当中，你经历了哪些心理上的考验和决断，才让腾讯成为受世界关注的、越来越开放的公司？"

听到问题后，马化腾沉思了 5 秒，回答说："当时表态的时候，很多人只是看看、笑笑就算了，并不当真。腾讯以前的发展，更多的是自己做，似乎不给外界留任何机会。我们内部的业务部门，其实都有很多产品线，大家觉得大树底下好乘凉，自己做的话，都不会差到哪里去。但是我们尝试过到许多领域发展，发现还是有很多挫折。遇到一个大坎，不是坏事，对企业的成长是一个磨刀石，让我们更冷静地去分析，哪些事情应该做，哪些不应该做，或者说优先级要分得更清晰，而不是什么都往前推。"

"我们内部的业务，给了很多机会和资金去发展，但打不过野外上千家摸爬滚打的企业。细分领域，水很深，一般的互联网公司没有基因和能力去掌控。所以要选择放弃，让更好的合作伙伴去做。"

从马化腾的回答中可以感受到，腾讯提出开放战略，亦是在做关于战略的选择题：做什么？放弃什么？这两个问题的答案，变得愈加清晰，也越来越重要。从什么都做，到有选择地做，这是战略调整，更是顺应环境变化，对自己的重新认识。

腾讯清楚地认识到，互联网世界已经发生了变化。在互联网还没有占领人们生活方方面面的时候，腾讯还勉强可以凭借强大的势力去打败所有新入者；当互联网逐渐浸入人们生活之后，各领域的新入者层出不穷，如果还是靠打，是赢不了的，反而会遭到反噬。幸而，腾讯结束了这一自杀式的行为。互联网追求垄断，但并不代表什么都要吃到肚子里。

## 第四节　开放的不是姿态，是能力

### 一个产品经理的战略需求

2005年，腾讯提出了"在线生活"的战略主张。

马化腾与刘炽平创造出了一个新的英文单词——ICEC。I代表Information（信息），C代表Communication（通信），E代表Entertainment（娱乐），C代表Commerce（商务）。"多元化的目的是提供在线生活，在线生活的背后则是社区，上述所有服务都将通过社区串起来。"腾讯的核心能力是人际关系网络，首席战略官和创始人就此达成共识。

腾讯很像一个成绩优异的好学生，比起同班乖张的"坏"同学，少了那么些活泼、创造性和天马行空的想象力，但是"他"擅长默默地总结和梳理，形成系统的方法论，然后输出带有自己印迹的产品，重点是，下一次遇到同一个处境，他一定不会再次让自己陷于困顿。

"在线生活"战略不避讳的野心引起了很多人的不适，公开宣布后，腾讯开始遭受"包办"的质疑声。但不得不说，这份宏大而完整的战略主张，是一份专业而杰出的作品，它为迷茫中的腾讯成长为一个巨头提供了较为明确的方向。

然而，对于一个战略的理解，不同人就有不同的想法。即便是它的提出者，也会经历不断认识、不断论证以及不断升级的过程。"在线生活"就是这样一个战略。从本质来讲，这一战略是腾讯站在高处提出的宏伟目标，这没有任何问题。但在其实践过程中，太多的不可控因素和不同的理解，导致腾讯用错了方法，险些误入歧途。

2009 年，当被问及"外界最让你难以接受的误解是什么"时，不善言辞的产品经理马化腾说："产品出个什么问题，特别多的人骂你。"而"3Q大战"过后，马化腾反思认为，"只有当我们漠视用户体验时，才会遇到真正的危机"，但也重新思考，准备从"什么是对的"去往"什么是能被认同的"。

开放和共享的具体举措尚未明晰，腾讯新的战略级行动已经呼之欲出。

"3Q 大战"中腾讯舆论完败的原因有公众积压的疑虑和不满，也有腾讯失败的公关作为。在开始的被动防守中，腾讯表现得像个古板的老国企，对待攻击，无论是否恶意，永远只有以克制风范为对方保留体面的空洞声明应对。这种风度很快就被对手定性为"软弱"，用户也一边倒地反感这种过时的国企式做派。

于是,在 2010 年年底,产品经理马化腾开始采集战略转型的需求,不善言辞的他开始主动跟各种各样的人打交道,一改之前对媒体的敬而远之态度。首先从行动上,马化腾走了出去,开放了自己。

2010 年 12 月 5 日,在第九届中国企业领袖年会上马化腾宣布,腾讯公司从即日起将步入为期半年的战略转型筹备期,转型原则是开放和分享,将广泛听取社会各界包括意见领袖,以及很多人的建议忠告和批评。同时,他提交了详尽的需求文档,《互联网问题 8 条论纲》日后被形象地归纳为"马八条":

第一条,互联网即将走出其历史的一个"三峡时代",激情会更多,力量会更大。

第二条,客户端不再重要,产业上游价值将重新崛起。

第三条,"垄断"是一个令人烦恼的罪名,但在很多情况下这是一个假想敌,是一个不存在的东西。

第四条,截杀渠道仅仅是一个"刺客",占据源头者才是"革命者"。

第五条,广告模式是"产品经济"的产物,而知识产权模式是"体验经济"的宠儿。

第六条,不要被"免费"吓倒,拥有"稀缺性"就拥有了破解免费魔咒的武器。

第七条,产品经济束缚人,互联网经济将解放人。

第八条,在云组织时代,伟大公司不见得是一个大公司。

在演讲的最后，他提到腾讯公司眼里的开放和共享。"简单来说，就是以释放人的价值为着眼点，以个人资源为立足点，以云组织来凝聚，以云创新来推动。开放和共享不仅仅是我们公司应该负起的社会责任，也更加是我们拥抱未来的方式。"

"马八条"释放了腾讯全面开放和共享的信号，而演讲本身就是腾讯开放和共享的体现，其中肯地总结了腾讯的得失，无私地分享了从资源主导者的角度，对于行业发展模式系统的反思，对于行业前景审慎的预判。

2011年春节过后，在公关部的主导下，腾讯召集媒体、互联网、法律、知识产权等各行业资深人士，在北京、三亚及杭州等城市组织了10场专家座谈，主题统一为"诊断腾讯"。马化腾要求腾讯所有高管必须参加其中的一场，听取意见和建议，这既是一种开放的姿态，同时表明其确实也希望听到从未聆听过的声音。

"诊断腾讯"是一次范围宽广的需求评估，会议中探讨了许多尖锐而敏感的话题，如腾讯是垄断企业吗，腾讯是真的会开放吗，腾讯是山寨公司吗，腾讯的创新模式是什么，腾讯可能的颠覆者有哪些等。

"开放""共享""创新""社会责任"这些关键词开始转化为行动和想法，并循序渐进，渐入佳境。

## 腾讯的开放能力

"诊断腾讯"系列会议帮助腾讯更新了一个非常重要的认知：腾讯已

经是一家很大的互联网公司,它需要承担的责任也比创始人们想象得更为重大,"问题出在核心决策层对产业趋势判断不足,对整个行业和市场存在一种错觉"。

在腾讯自己还没有意识到的时候,"他"已经成了一个巨人,能力越大,责任相应地也就越大。决定实施开放和共享的战略转型时,习惯审慎稳妥地低估自己的腾讯,又面临一个难题:准备已经很充分了,但是怎么样进行开放和共享呢?

首先,需要正确地统筹和评估腾讯的"开放能力"。

腾讯的核心能力是什么?

最值得开放的能力是哪种?

最应该开放的能力又是哪种?

回答这些问题并不容易,即使是在腾讯的核心决策层,由于每个人的经验、立场和参与公司的阶段不同,对这个问题也有着不同的理解。据说,在一次总办会上,马化腾让16个高管在纸上写下自己认为的"腾讯核心能力",一共收集到了21个答案。

在首席战略投资官的唱票下,腾讯的开放能力定位到两点:资本和流量。

第一个核心能力是资本,这是首席战略投资官刘炽平极力主张的。

作为一个没有下属的高管,刘炽平很清楚自己负责的是什么:"我管三件没有人管的事情,一是战略,二是并购,三是投资者关系。"从一个投行高级经理人的视角,没有一个公司能够在所有的领域都做到顶尖的位置,资本的参与才是配置资源最高效的方式。通过资本形成结盟关系,既符合对外开放的诉求，同时也可以用商业化手段变现腾讯基于即时通信工具产生的庞大流量。

可以说，未来腾飞的支点，需要腾讯从资本层面去捕捉。

腾讯的投资概括地分为两个部分：一个是强化优势型的，比如游戏公司和传媒营销等领域的优秀公司，这直接促成了更顺畅的盈利。另一个部分则是填补弱势，从腾讯对滴滴的三顾茅庐中不难看出，腾讯知道自己在线下场景的延伸性有限，因此求贤若渴地布局与线下生活相关的出行、购物、服务、食品等领域。

现在证明，抱着审慎的态度把线上线下用户区分开来，是非常明智的。如果武断地用线上的用户画像去想象线下的消费场景，那么不会有微信支付二分天下的局面和投资的企业给腾讯带来的巨额收入了。

智慧云创始人陈雪频在《重塑价值：中国企业转型路径》一书中提到，对于大企业来说，通过并购方式，并购那些相对比较成功的，和自己企业未来产业发展方向比较吻合的企业，一方面可以获得新的利润增长点，另一方面可以带动企业转型。

另外，通过体内或体外孵化的方式，也有可能找到撬动企业转型的支点。内部孵化是指一个企业扶持内部的人员去内部创业，企业提供资金、品牌、资源支持，予以帮助。

体外孵化考验的是企业的投资能力，企业要有好的眼光、智慧和实力去挖掘有想法的新型企业，通过参股、投资方式参与其中。这和并购有一点相似，不过并购是在企业有了一定规模后通过控股方式完成的，而体外孵化是在初期进行培育。

开放前,腾讯也实施过一些资本并购,但是几乎全部是控股或全资收购与现有业务强关联性质的企业,且集中发生在网游领域。主要是因为,网游公司有一定的技术门槛,积攒起的用户口碑形成的品牌忠诚度不易被打破。本质上来说,腾讯之前的资本并购行为依然是封闭的、内生的。

相对于并购来说,孵化的方式更温和,而且给予了彼此更多的自由。如果搁在以前,腾讯会二话不说自己做,但现在它选择了开放,选择了合作,创造了更多的空间。面对腾讯的开放,小型创新项目和企业表现出了非常欢迎的姿态,许多人看中的是腾讯的另一个核心能力,即流量。

曾经,流量是腾讯扩张的武器;现在,它是腾讯朝世界抛出的橄榄枝。

"其实,我们开始讨论是否要做开放平台是在 2008 年,但一直在纠结,真正下决心是在'3Q 大战'之后。"主管互联网增值业务的汤道生在接受采访时,回忆了内部的争论:"在 SNS 领域,关于如何实施开放策略,是一个国际级的课题,我们至少在 3 个方面有过纠结:第一,开放到底是以应用为主,还是以内容为主;第二,社交网络是否要开放广告资源,我们受到了来自品牌广告部门和搜索部门的压力;第三,开放是针对平台,还是针对上下游产业链。"

腾讯的姿态已明了,核心能力也达成共识,箭在弦上,蓄势待发。那么,战略输出能否达到预期效果呢?

2011 年 6 月 15 日,就在马化腾宣布"半年战略转型筹备期"后的 6 个月,腾讯在北京举办了千人级的首届合作伙伴大会,芒果网、虾米网、联通、金蝶、58 同城等合作公司一起站台,马化腾"请大家见证腾讯的战略转型"。

在会上，马化腾谈及，腾讯一直以来的梦想是打造一个"在线生活"的互联网平台，让所有人的沟通没有障碍、更加通畅。而现在，腾讯想和大家一起，把这个梦想再往前推进一步，打造一个没有疆界、共同分享的互联网新生态。

据称，截至 2011 年上半年，有近 2 万个合作伙伴已经或正在排队等待接入腾讯开放平台，合作伙伴一款应用拿到的单月最高分成已突破 1000 万元。刘炽平则总结了腾讯实行开放战略半年来的经验：

第一件是心态的调整，"我们尽自己最大的努力，在最短的时间内对自己进行调整，将整个公司切换到开放平台上"。第二件是倾听。以前腾讯总是习惯于埋头做事，而在开放这个重大战略上，腾讯希望更多地倾听来自社会各界的声音。第三件是平台的准备。腾讯将自己几乎所有的业务线都向开放平台进行切换，已经形成了腾讯朋友、QQ 空间、腾讯微博、财付通、电商、搜搜、彩贝以及 QQ 八大开放平台。第四件是资本。腾讯成立了 50 亿元产业共赢基金，用于扶持成长性企业，而基金投资额还会不断增加。

马化腾在大会上发表《关于开放的八个选择》的演讲，阐述对互联网开放开台以及互联网新生态的观点，在演讲中从用户、合作伙伴、产业等角度阐明腾讯对开放的坚定态度和基本原则：

第一，如果在开放的探索中出现挫折，我们一定是选择积极寻求解决问题的办法，而不是退缩。

第二，在开放程度上，我们一定是选择全平台开放，而不是有所保留。

第三，面对任何触犯用户利益的事情，我们一定是选择"零容忍"。

第四，开放绝不是简单卖入口，我们的选择是提供全方位平台支持服务。

第五，在规则制定上，我们选择广纳贤言与时共进，而不是一言堂式的一锤定音。

第六，在利益的优先顺序上，我们选择优先成就伙伴，再成就自己。

第七，在开放平台中的同质化应用和创新应用之间，我们一定会选择扶持创新。

第八，腾讯开放的意义，到底是经营策略的转变，还是公司使命的变化？我们的选择是后者。

如此，在开放的引领下，腾讯乘风破浪，朝着"再造一个腾讯"目标前行。

腾讯的流量持续对外开放。公司将原先封闭的内部资源转而向外部的第三方合作者无偿开放，包括开放 API、社交组建、营销工具及 QQ 登录等。在第三方合作伙伴的开放游戏规则制定上，马化腾强调，尊重合作伙伴的利益，充分考虑参差的开发环境、超大流量可能带来的冲击、保持高水准的用户体验、关系链的隐私和用户利益安全等诸多问题，寻找对应的解决方案。

这些承诺,腾讯基本做到了。它在开放过程中始终保持开放的心态,在实践中摸索推进,循序渐进地优化开放平台的游戏规则。不仅仅是开放流量入口,在平台开放权限允许接入第三方合作伙伴的产品的同时,腾讯试图打包自己多年累积的强大运营经验,将其转化为产品、技术、运营、营销等多方面的支持,致力于提供一套完整的平台整合解决方案。

这一次,腾讯从战略上严阵以待互联网的下半场。这个好学生更外向了,但依然保持着谦虚的自我评估和学习的态度,"他"知道自己的不足在哪里,并且有计划、有行动地在改变自己。

2013 年年底,马化腾在 WE(Way to Evolvo,为未来而来)大会上提出了"连接型企业"的概念,认为平台的价值在于把产品/商家和用户/消费者联系在一起,连接的节点越多,价值越大。张小龙也指出微信的愿景是"连接人,连接企业,连接物体。让它们组成有机的自运转的系统,而不是构建分割的局部的商业模式"。

从整个中国互联网产业的角度,"腾讯的使命正在发生变化"。为用户提供一站式在线生活服务曾经是腾讯的战略目标。但现在,在众多第三方合作伙伴的助力下,这个梦想需要再往前推一步,进化为打造一个没有疆界、共同分享的互联网新生态。这是腾讯新的使命。

2013 年腾讯合作伙伴大会,腾讯开放平台自 2011 年 6 月到 2013年 4 月,给平台开发者的分成总额达到 30 亿元,腾讯开放平台上已积累了 40 万的注册用户。

2014 年,从上市、获投融资、并购等来计算,腾讯开放平台上的创业公司总估值已超过 2000 亿元。腾讯开放平台应用总数已达 240 万款；创业者总数达 500 万人，覆盖全国一至三线城市，小型创业者总数同比增长 400%；实现独立上市和正在上市流程的公司超过 10 家，被收购上市的公司超过 10 家。

2015 年，腾讯开放平台已经聚集了百万创业者，他们开发的应用已经超过了 400 万款；累计分给创业者收入已经超过 100 亿元；孵化的创业公司超过 20 家上市公司。

2016 年，腾讯开放平台已成就 30 家上市公司，注册创业者超过 600 万人，实现合作伙伴总收益达 160 亿元。

无疑，开放战略为腾讯打开了一道新世界的大门，使得腾讯能够畅游其中。有人问，什么是好的战略？简单来说，好战略就是能够让企业持续活下去，并且适应快速的环境变化的战略。

从最初的产品策略开始，腾讯想过当平台，也想过成为人们的生活习惯，最终能够落脚在开放战略上，实属战略层面的一次升华。而这一次升华，是腾讯利用资本和流量两大核心竞争力的合力效应。它释放了腾讯的巨大能量，并且聚合起成倍的势能，呼啸而来。

## 第五节　快速反击，熬住信念

对于"小步快跑，试错迭代"，腾讯有极致的追求。如果从产品角度看"3Q 大战"，那将是不一样的景象。该事件的导火索，是名为"QQ 医生"的腾讯杀毒软件产品。该产品在 2006 年年底问世，直到 2010 年 1月，QQ 医生第五次改版升级，3.2 版本问世，才惊动了 360。

精彩的是，在 2010 年一年时间内，QQ 医生经历了 12 次升级优化，一路从 3.2 版本变为 4.4 版本。从中不难看出，在最为艰险的"3Q 大战"过程中，腾讯试图以快频率的产品迭代证明自己。

### QQ 医生在 2010 年的升级换代

2010 年 1 月 21 日，QQ 医生 3.2 正式推出，包含诺顿防病毒软件半年免费特权。

2010 年 4 月 8 日，QQ 医生 3.3 正式推出，增加 QQ 安全专区。

2010 年 5 月 31 日，QQ 医生的全新升级版本电脑管家 4.0 Beta1 正式推出，新增多项使用功能，全新界面设计。

2010 年 7 月 22 日，电脑管家 4.0 正式推出，全新首页体检设计，新增账号保护和未知文件打开功能。

2010 年 8 月 20 日，电脑管家 4.1 正式推出，增加系统优化功能。

2010 年 9 月 15 日，电脑管家 4.2 全新推出，新增硬件检测功能和装机助手。

2010 年 10 月 21 日，电脑管家 4.3 Beta1 发布，新增电脑性能评分和手机软件下载功能。

2010 年 11 月 4 日，电脑管家 4.3 Beta2 发布，新增文件保险柜功能，强力保护私密文件。

　　2010 年 11 月 12 日，电脑管家 4.3 正式推出，全面提升软件性能。

　　2010 年 11 月 18 日，电脑管家 4.4 Beta1 发布，携手专业免费杀毒软件，强力保护电脑安全。

　　2010 年 11 月 24 日，电脑管家 4.4 Beta2 发布，QQ 等级翻倍加速，点亮电脑管家图标。

　　2010 年 12 月 3 日，电脑管家 4.4 发布，QQ 等级加速体验优化，提升软件的稳定性。

　　……

　　在应战过程中，腾讯产品并没有松懈，而是不断迭代，不断给 QQ 医生增加新的功能，将其升级为可以与单一杀毒软件匹敌的安全软件。至"3Q 大战"尾声，腾讯阵脚丝毫不乱，交出了完整的安全软件杰作。

　　2017 年国庆期间，一部由马丽、艾伦和沈腾主演的喜剧片《羞羞的铁拳》成为票房冠军。在这部影片中，沈腾扮演的大师教授了四大绝招，分别是"高速路上发小广告""红鲤鱼绿鲤鱼""熬过熬鹰"以及"一阳指＋河东狮吼合体"。在赢得观众无数笑声的同时，不妨看看这四大绝招分别对应了什么。

　　高速路上发小广告，求的是一个"快"字。如果能做到把广告单插到行驶速度为 120km/h 的汽车门把手上，还怕应对不了对手的拳速吗？

　　红鲤鱼绿鲤鱼，讲究的是快速反击之道。不管是鲤鱼从左边来还是右边来，都要能够应对自如。如此，对手的拳头便能够被轻松化解。

熬过熬鹰，挑战的是人的耐力极限。熬得住瞌睡，就熬得过痛苦和困境。

一阳指＋河东狮吼合体，喊的是"你过来啊"，表达的却是临危不惧的信念和镇定的气势。

有意思的是，在腾讯大战 360 的整个过程中，我们能够看到这四大绝招的合体。首先，在事情发生后，腾讯以极快的速度，用产品的迭代更新予以反击；其次，通过法律程序，表达自己不容污蔑和侵犯的姿态。而更重要的是，腾讯秉持坚定信念，顶住压力，顽强地熬出了头。

既然安全软件这么招麻烦，腾讯为什么还要继续做？这个问题，也要从战略来回答。从战略布局来说，QQ 医生代表的不仅是一款简单的产品，而是整个互联网安全的未来世界。

腾讯不能缺席互联网安全领域，就代表 QQ 医生绝不能被放弃。

不出所料，随后几年，互联网安全开始占据了越来越重要的地位。尤其在移动网络安全方面，病毒、电信诈骗、Wi-Fi 钓鱼、恶意软件已然成为安全威胁。同时，随着互联网金融的发展，万物互联对智能硬件、移动支付、身份识别等方面的安全防护提出了新的更严格的要求，"生态安全"问题浮出水面。

漏洞平台、恶意应用检测平台、Wi-Fi 安全平台等各种安全开放平台如雨后春笋般出现。安全公司与产业链各方共享数据、技术和能力，致力于"生态安全"的建设。安全软件厂商如何将自身的安全技术、安全数据、安全能力变为移动生态的安全基础设施，成为比拼的焦点。

微软的 Windows 7 以上系统开始具备防火墙、系统权限、EFS 加密、注册表、组策略、UAC 等安全组件来保护系统，此外还增加了安全防护软件——Windows defender，这意味着 PC 即使不安装安全软件，也不容易再中毒。

Android 手机系统也从 4.4 版开始自带恶意软件扫描功能，同时允许用户对软件的权限进行高级设置。而且几乎所有 Android 手机都自带安全防护功能，支持防骚扰、系统清理和病毒查杀。

各大浏览器也就支持恶意网址拦截、仿冒网址提醒、下载文件安全检测等安全防护功能达成共识。

国际巨头们更是忙于收购专业的安全技术公司，以布局"生态安全"。敏锐如英特尔以 76.8 亿美元收购 Mcafee，思科系统以 27 亿美元收购网络安全公司 Sourcefire，IBM 收购以色列网络安全公司 Trusteer，惠普收购数据安全公司 Voltage Security，后起之秀们也不甘落后，谷歌、Facebook 也在将安全公司纳入麾下。

可以预见的是，未来无论用户处在哪个上网设备、平台、入口，都将享受安全服务，而这些安全服务可能不再以"安全软件"形式出现，而是一种无须感知的"浸入式安全"。安全化为无形，成为流淌在各类"连接"中的水和电。安全成为互联网生态的基础设施。

正如马化腾在《共建大数据生态》主题演讲中说的，腾讯的核心业务是 4 个方面：云、支付、安全、LBS（基于位置服务）。腾讯将云安全、大数据提供给微信、QQ 浏览器、应用宝等企业自己的产品，还将安全模块输出给手机厂商，为生态中的企业、用户提供安全服务。

在 2012 年移动互联网大会上，周鸿祎与马化腾再次隔空喊话，要与腾讯安全竞争到底。为此，马化腾宣布腾讯投入 10 亿元的安全基金，鼓励更多的企业"加入互联网安全的大家庭"。为此，腾讯展开了有史以来最大规模的组织架构调整，移动互联网事业群剥离手机 QQ 业务，承担起腾讯电脑管家、腾讯手机管家的研发任务。

假如没有 2006 年的 QQ 医生，没有小步快跑、试错迭代的产品精神，以及后续在移动安全、云安全技术上的重金投入，腾讯庞大的生态和连接一切的战略将难以实施。

## 第六节 移动开启：战略因势而谋

业内通常将中国的互联网时代划分为 3 个阶段：

Web 1.0 时代，可概括为人机互动的时代。其网页技术的展现形式更多是展示型的静态页面，也就是用户仅能读取网页上的信息，比如雅虎、新浪、搜狐就是典型代表。这一阶段，用户与网站本身的互动是极少的。

那时候也有初露端倪的一些互动类的产品，如电子邮箱、BBS 论坛、QQ 等，这些作为最早期的互联网信息沟通类产品形态，一直能够保持至今，可见它们在某些层面上还是很好地满足了大家在互联网应用上的刚需。

Web 2.0 时代，可概括为人人互动的时代，这是以社交网络为主要形式的互动型的网络时代。社交网络即社交网络服务，源自英文 SNS

(Social Network Service)的翻译,中文直译为社交网络服务。

这个阶段的自我迭代非常快,有交友社区的 Sohu Chinaren、校内网、开心网等,有博客时代的博客中国、blogbus、blogcn 等,也有微博时代的新浪微博、腾讯微博等,更有一直火到现在的微信。它们的特征是,借助互联网的载体建立起人与人的沟通互动方式,用户使用的终端也逐渐由 PC 过渡到手机和平板等移动智能设备。

Web 3.0 时代,是一个万物互联的时代,也就是通常讲的物联网时代。物联网是新一代信息技术的重要组成部分,也是"信息化"时代的重要发展阶段。其英文名称是:"Internet of things"。在这个阶段,各种各样的物品都将以各种形式被接入物联网,现在所兴起的如 VR(虚拟现实技术)、AR(增强现实技术)、人工智能、移动支付等技术都属于物联网这个范畴,各大互联网厂商也都抓紧在物联网时代布局。

我们目前所处的时代,正处于 Web 2.0 的成熟期与 Web 3.0 的萌芽期的阶段,微信正是 Web 2.0 时代的一个里程碑式的产品。从外看,它像是垄断了这个时代的流量入口;而从内看,实际则是掌握了全中国一张错综复杂的社交网络人际关系图谱。这张关系图谱一旦发挥其作用来,就如同金庸小说《天龙八部》中段誉的六脉神剑,所向披靡。

早在 2006 年,与移动梦网龃龉之时,腾讯幸运地埋下了"移动端"这根线,不知不觉为自己买到了一份保险。

当时,中国移动决定收回移动梦网,对昔日合作伙伴如腾讯、网易、TOM 等态度强硬。在政策性排挤之下,依附于移动梦网的各家内容服务商情势危急，收入来源被生生切断的腾讯也不例外。

这可能是腾讯第一次意识到流量入口的力量，在信息产业中，有流量入口，就有了话语权和资源配置权，甚至是化石点金的超能力。这直接导致腾讯后来在入口级产品上的苦心耕耘，并使得它对拥有入口级产品的企业十分警惕。

等到移动终端爆发，很多企业被浪潮推着走，腾讯早已到达岸边。智能手机的潮流给了很多企业弯道超车的机会，腾讯和新浪的赛道局势也发生了变化。

移动端用户红利期有限，不同于新兴产品发展初期，用户短时间内的大量涌入带来了巨大流量，随着智能移动设备的普及，社交领域各平台也已经基本完成了由 PC 端向移动端用户的导流和培育。

在用户渗透率难以突破、流量红利边际效益递减之后，移动互联网不可避免地进入了"下半场"。

在移动互联网的下半场，公认有着三大趋势：

第一，流量变贵，获得新客的成本持续上升；

第二，用户被教育好后开始在众多选择中选择最适合自己的，用户选择趋于个性化；

第三，互联网线上线下市场的界限日益模糊，企业线上增长乏力时会选择线上向线下扩张，线下往线上导流。

由于中国人口红利消退，智能设备升级会减缓，三大趋势延续的时间相对固定，互联网公司的竞争局面变为：谁先突破三大趋势，谁就占据先机。

  腾讯比很多公司有优势,它有令人艳羡的渠道,把控着流量入口。但成功一定不是仅仅依靠渠道,自传播、自增长的产品更重要,好学生很快就找到了自己的立身之本在哪里。

  在门户网站中,腾讯还能依靠流量险胜对手;而在微博市场,腾讯的流量彻底失灵。面对微博领域的失利,腾讯必须另找出路,打造出新的产品。至此,腾讯还没有一款产品能超越QQ。而距离QQ问世,已经过了10年。如果说十年磨一剑,那么腾讯的这把剑会是什么?微信,亦是腾讯自我革新的一款产品。

  2011年1月21日,微信1.0的iOS版上线;

  从一众手机端即时通信工具中脱颖而出,靠的是语音功能的不断优化;

  拉开差距是在LBS上开发"附近的人"和"摇一摇"功能;

  全民打飞机、天天爱消除、天天酷跑、天天连萌……侵入了用户的移动手游世界;

  ……

  严格说来,这些都算不上微信的原创。但是微信通过对产品细节的打磨,不断扩充产品细节,迅速迭代成最自然、最贴近用户当下需求的版本,才有了后来二维码、朋友圈这些创造性的发明。

  在腾讯的成长历史中,其有很长一段时间战略意识是后知后觉的。没有预设的目标,这家企业的内驱力来自哪里?现在大家普遍认可了这个答案——产品的持续创新。在没有战略的日子里,"小步快跑,试错迭代"的产品哲学曾是腾讯的企业战略。

微信的问世，便是腾讯赤脚在地、不忘初心的成果。忘掉流量，忘掉曾经的一切荣誉，从头做起，召唤最原始的自己，微信做到了。作为打开移动世界大门的钥匙，这款产品的战略意义不言而喻。

微信的诞生沿袭了腾讯过去推出新产品的老套路，腾讯从美国社交软件 kik 获得启示，产生做微信的想法。腾讯并不清晰地了解未来的发展方向，但是腾讯保持了敏锐的触角和内部赛马的先进机制，保证了自己几乎很少错过任何一个重大的机会。过去的产品经验发挥了作用，并且衍生出了更多新的方法。

外部以为腾讯对未来有精准的判断，事实上腾讯内部做失败的项目成百上千，只是不为人知罢了。也很难说一开始张小龙本人对微信抱有多么大的信心，如今，人们常常听到腾讯人以轻松的口吻谈起微信的不经意的出现。但实际上，微信的产生不仅不是个意外，反而可以称之为背水一战。

在那个阶段，新浪微博已经率先推开了移动互联网的大门，移动 QQ 的发展不尽如人意。在 PC 互联网时代，人们打开电脑后通常第一个启动的软件是腾讯 QQ。而在移动互联网时代到来后，人们打开手机的第一件事绝对不是点开 QQ，他们或者玩游戏，或者逛逛微博。

这个转变对于腾讯来说是十分可怕的，流量入口的霸主地位正在受到极大威胁，新浪微博并不是单独从 PC 互联网杀过来的对手，而是从手机上杀过来的对手，这意味着手机的应用将主导着移动互联网和 PC 互联网的入口级业务。此时，腾讯急需一款基于手机端的汇聚高流量的 App 来延续 QQ 在 PC 时代的地位。

　　2012 年 3 月 29 日,距离微信上线仅 433 天,用户数破亿,这是互联网史上用户数增速最快的一款 App。同样是破亿,QQ 用了 10 年,Facebook 用了 5 年半,Twitter 用了 4 年。2013 年,微信宣布月活跃用户数达到 3 亿,这个明星产品以迅雷不及掩耳之势,成为腾讯的现金牛产品。两年的时间,微信创造了产品所能创造的最大神话。

　　通过微信的强势表现,腾讯惊险地在移动互联网的入门之战中获得了自己的一席之地,并且通过微信工具的延伸,将自己在移动互联网的版图逐步扩展到支付、游戏、电商、O2O 等诸多领域,形成了一个比原先的 PC 互联网更大的企鹅帝国。

　　马化腾曾谨慎表态,因为微信,腾讯拿到了移动互联网世界的站台票。经历过风浪之后,腾讯很明白,若想要活下去,微信还需要做更多的迭代创新,创造更大的用户价值。

第五章

# 战略成熟期：
# 连接与生态进化

腾讯走向战略成熟的标志之一，是从马化腾学会了幽默和自嘲开始的。当然，这是我们旁观者的玩笑话，不过，你不得不承认，2010 年以后的腾讯确实发生了很多变化。从战略上来看，其明显从过去 12 年中的被动战略选择转变成主动战略出击。

我们可以很清晰地发现，此时的腾讯在完成庞大的业务布局以后，已经有明确的战略方向：连接一切，保持远见。

即腾讯经过同样成功与失败的产品之后，终于将自己的战略归结为"连接器"和"内容平台"。以通信和社交为核心平台，以微信和 QQ 为平台连接器，搭建生态系统，连接所有的人和资讯、服务。

这一阶段，我们称之为腾讯发展的战略成熟期，愿景是感受潮流，建立生态。路径非常明显，先从核心业务打下基础，再进行创新空间的冒险，进而形成战略开发后的谋略演变，最后完成探索中的修正。

其一，核心业务是腾讯的根本，即 QQ 和微信，通过这两个社交平台，拓展培养增值业务（数字游戏、数字媒体和内容平台）。其二，服务端的开放合作,比如电商与京东合作,吃喝玩乐与大众点评合作,出行交给了滴滴打车。其三,生态系统搭建,腾讯腾出工夫来,在基础设施搭建上投入,包括支付系统、广告系统、电商系统等。

这其实正是成熟企业创新转型的路径,即德鲁克眼中的"既是理性的又是感性的"。感性的战略选择通常发生在企业诞生初期,多半是"一个点子创造的奇迹"或是"由产品引发的战略发展",而理性来自对机遇来源的彻底分析。

我国著名管理学者陈春花女士曾经探讨过:"成熟期企业应该把握的战略逻辑是什么?"她认为,一是要看增长性够不够,二是战略创新,要改变商业模式,就看你有没有能力让你专注的产品或行业重新被定义。

前者说的是企业有没有持续增长的动力源泉,尤其值得注意的是要看这种动力源泉能否足够抵抗技术的变革、产品的创新、用户的消费习惯升级等变化;而后者讲的是商业模式的创新,成熟企业思考的是未来的未来,未来意味着变化,这种变化最大的不确定性就在于商业模式。

可喜的是,腾讯在完成千亿市值之后,反而在战略路径上更为清晰,因此往往被认为是看得清楚方向的企业。

我们不妨梳理一下腾讯大战略的生态,并进行系统性的思考与分析。

如果从理念、策略、方法、动作 4 个方面来考量腾讯在实现连接与生态进化的战略规划,我们看到,在 2011 年以后的腾讯合作伙伴大会上,马化腾传递出的企业价值观已然从一家伟大的互联网公司,转变为互联网生态的价值引领者。理念上的重大变革，引导着腾讯在 2013 年以后，依托 QQ 与微信，通过穿透性的内容（与大数据、人工智能具有同等穿透效力）实现纽带关系，实现开放的平台级服务。

策略打法上，此时的腾讯使用的已经不再是初期与生存阶段的被动与冒进策略，而是变得异常冷静沉着，在寻求竞争优势的同时，注重保证创新的平稳，微信产品的诸多实践都显现出了腾讯创新中的稳健。

方法上，先稳固核心，将流量入口牢牢把握住，然后再通过开放第三方合作，逐步实现与人的所有环节的连接，通过大内容战略，占据未来生态的制高点。

最后，我们看腾讯在成熟期的战略动作。先是手机 QQ 的全新改版与微信公众平台的推出，在移动互联网时代，延续腾讯在社交领域的霸主地位。紧接着，2012 年提出泛娱乐战略，并开展了一系列的股权与战略投资，开启并购征途。再次，小程序的开发，让腾讯的未来生态有了更多的期待。尽管小程序在跌跌撞撞中诞生，但小程序实现了场景与入口的价值再造，表达出腾讯的生态进化向着如同微软一样的生态系统方向发展。

2017 年，政府明确提出数字经济顶层国家战略，数字经济作为一种全新的经济形态，将互联网、大数据、人工智能与传统产业融合，以跨界方式打通各行业，集成优化各个生产要素，构成链接一切的商业新生态。

这年，马化腾发表重要演讲，第一次系统性阐述了腾讯 AI 宏观布局和战略思考，以及腾讯在人工智能、云计算、大数据等几个基础性要素的投入。他说："未来所有企业基本的形态就是在云端用人工智能处理大数据,这是一个大方向。人工智能将影响到日常生活、商业的方方面面,这是一个大趋势。场景和市场是最重要的,只要有市场,技术、人才都会跟着走。"

看来,腾讯已经做好下一个 10 年的准备。

## 第一节　成熟期腾讯的战略逻辑与路径

马化腾的理性是不是来自 2011 年那 10 多场轰轰烈烈的"诊断腾讯",我们不得而知,不过,"诊断会"提出的三个命题,或许是马化腾的思想源泉。

吴晓波在《腾讯传》中这样写道:

有三个命题的提出,在未来很多年后看来,仍然是有意义的。

其一,专家们讨论了中国互联网与美国互联网的差异性,进而提出消费模式及体验方式上的创新可能性。

其二,他们认为过去迎合用户的时代已经结束,没有谁知道什么才是未来的主流,或者干脆再也不会有主流,因此,互联网公司应将战略诉求着力于创造需求。

其三,真正能够带领中国互联网公司成为创新之王的,是价值观,而不是各种各样的应用性技巧。

相应地,腾讯需要思考接下来的发展走向,首先是随着移动互联网时代的来临,面对用户以变化应对一切变化的个性特点,腾讯如何实现开放式创新? 其次,互联网只有变成穿透性技术,才能不断创造新的需求。最后,如果腾讯想要实现基业长青,单一以产品为王显然不合适,腾讯应该做价值领袖。

如今我们会发现,2010 年以后的十几年中,逐渐步入成熟的腾讯正是按照上述思考发展的,比如手机 QQ 的改版创新,"互联网+"概念的提出与践行,以及生态企业的开放式发展。

毫无争议的说法是,腾讯开放生态始于 2011 年腾讯的合作伙伴大会,这是腾讯开放生态的起点。这一次的彻底开放,集腾讯对过去 12 年商业模式的反思和对未来趋势思考之大成。腾讯科技记录道:"过去 12 年,腾讯从一款简单的即时通信工具一路进化成中国最成功的互联网企业之一。现在,互联网已进入一个全新的时代,拥有最多用户的腾讯决意以开放和共享的精神打破自己的花园围墙,希望打造出中国互联网最大、最成功、最具分享精神的开放平台。"

而后 2013 年阶段性成果显示,开放后的腾讯实现了初步连接,腾讯公司总裁刘炽平介绍:"过去 22 个月中,腾讯开放平台对开发者分出去的收入总量是 30 亿元,分成数字每个月还在持续增长,腾讯从创立到达到 30 亿元的年收入规模总共用了 8 年的时间,开放平台用不到 3 年的时间就已达到,而且分成数字还在不断增长。"

到了 2014 年,马化腾明确表示,互联网将更多地连接用户的需求。微信、QQ 都是在做连接器,在人、设备、服务之间形成智能的连接。腾讯做的是最低层,往上要让传统行业自己去搭建应用,各行各业需要通力合作,才能发挥移动互联网的最大威力,腾讯的使命仍然是成为互联网连接器,连接一切。

2016年,马化腾在公开信中指出,腾讯开放平台的树状结构正在变成"去中心化"的网状结构,形成了合作伙伴自主生长、多个领域的伙伴与腾讯一起开放的新生态(见图5-1)。

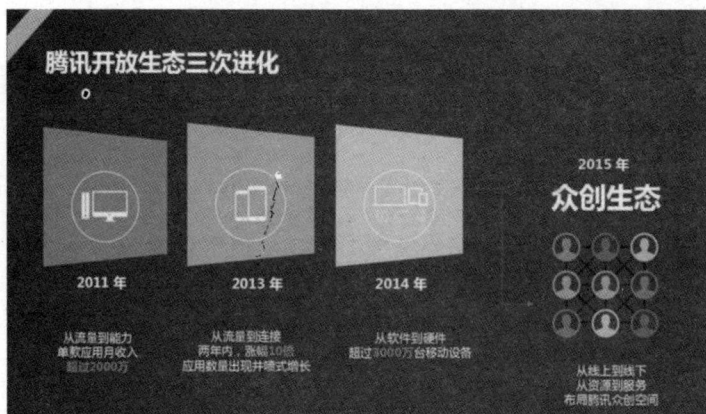

图5-1 腾讯开放生态三次进化

来源:腾讯科技

回头去——观察"诊断会"之后的腾讯开放战略:2011年6月15日,腾讯召开"开放共赢 成就梦想——腾讯合作伙伴大会"。马化腾发表《关于开放的八个选择》,从用户、合作伙伴、产业等角度阐明腾讯对开放的坚定态度和基本原则,并对外宣布,腾讯第一阶段目标是打造规模最大、最成功的开放平台,扶持所有合作伙伴"再造一个腾讯"。

腾讯此次向第三方合作伙伴开放的八大平台包括:腾讯朋友、QQ

空间、腾讯微博、财付通、电子商务、搜搜、QQ彩贝联盟、QQ。这意味着腾讯的数亿活跃用户同步向第三方合作伙伴开放。

与此同时，放眼海外，我们看到，Facebook、微软、谷歌通过开放平台，打败了过去的平台。开放后的Facebook在2007年以后一举成为最大的社交平台；微软百科全书，通过人人都可以参与的方式，超越任何一部传统的百科全书；谷歌收购Android后，给运营商、开发者和手机厂商都提供了开源的免费的操作系统。

可见，开放意味着生态系统的更大利益，如同马化腾在这场合作伙伴大会上说的那样："腾讯过去的梦想是希望建立一个一站式的在线生活平台，今天想把这个梦想再往前推进一步，就是一起打造一个没有疆界、开放共享的互联网新生态。"

开放之路进行两年后，在2013年的腾讯合作伙伴大会上，马化腾显得比两年前更轻松坚定，他以"亲爱的合作伙伴，这个盛夏，我们刚好一起走过了两年的开放之路"为始，向与会者说明，开放平台已是用户与内容、用户与开发者之间互惠互利的最佳桥梁。在PC互联网领域，QQ首次把通信、社交、平台化三者一体地建立起来，这是我们亚洲互联网企业在全球互联网行业的一次创新。在移动互联网领域，微信也是全球第一个引入朋友圈和轻App模式的产品。

如果说2011—2013年的两年内，腾讯完成了开放桥梁的搭建，那么，我们可以看到，2014年，腾讯提出的"连接一切"与"互联网＋"便是腾讯商业帝国的主旋律。

在考拉看看企业案例研究中心策划推出，由互联网资深观察员磐石之心创作的《互联网黑洞》一书中,关于连接,有着深入的探讨。书中认为,互联网黑洞的本质就是连接,连接包含两个方面的含义:首先是技术上的连接。手机、汽车、房子、手表、衣服、设备等所有物品,通过互联网技术、芯片技术实现联网,同时又与人进行连接和交互。其次是商业的连接。商业的连接让虚拟的互联网与现实世界发生了关联,让商业的边界变得模糊。

互联网之所以强调连接,皆因技术的变革与用户自身消费习惯的进步,2009年以后,智能设备和宽带移动互联网的不断普及,手机不可替代地成为人连接一切的交互平台,这意味着任何人类活动的场景都出现了"连接",设备与设备之间、设备与人之间变得密不可分。这是前所未有的变化,这也意味着一系列商业模式的改变和用户新习惯的诞生。

此时,腾讯提出了"连接一切"的战略,百度提出了连接人与信息变成连接人与服务,阿里巴巴提出了"数据科技(data technology)"战略。

技术推动了商业的连接,虚拟的互联网与现实世界发生关联,边界在消失,去中心化,渠道变弱,都是这一时期的表现。

用"互联网+"的方式去"连接一切",这是腾讯2015年的关键词,腾讯整体战略发生着重大变化:

第一,业务做减法,主要业务聚焦在核心的通信社交平台与内容游戏,其他全部交给合作伙伴。

第二,流量思维仍然是腾讯开放战略的规则。

第三,实现全行业覆盖,衣食住行游等所有相关领域,实现多终端全行业的互联。

于是,在近两年腾讯的并购、泛娱乐、金融等战略中,我们都能清晰地看到腾讯在成长为千亿企业之后的战略布局:一是保持增长性,二是保持战略领先。

沿着这种思路,我们再来看腾讯大战略的生态构成:

一是连接与内容生态的核心:腾讯的看家产品——QQ 与微信。

二是核心社交产品诞生的私有内容:QQ 空间、朋友圈和微云。

这两者是 2015 年以后腾讯在产品上做减法后沉淀的结果,也是腾讯强调的连接中始终靠关系链和中心点的表现。可以说,腾讯想要实现人的大生态连接,抓住了人的核心诉求:社交。社交是人的属性所致,不以客观条件而转移。

外围,腾讯用公共内容服务抓住人类对于生存质量的追求,腾讯网、腾讯游戏、腾讯视频、腾讯动漫、QQ 音乐、阅文集团、微信公共号以及广泛投资的外部内容公司几乎囊括了所有的内容端。

根据战略发布平台——汇智创享的梳理,腾讯在内容领域的产品布局如下。

• 咨询领域:腾讯网(行业第一)、天天快报、微信公众号、QQ 公众号、手机 QQ 浏览器头条。

• 视频点播:腾讯视频(三强之一)、腾讯课堂、爱拍原创(投资)。

• 视频直播:斗鱼(投资)、呱呱视频社区(投资)、龙珠直播(投资)、红点直播(投资)。

• 语音领域:QQ 音乐(仅次于海洋音乐)、企鹅 FM、喜马拉雅电台(投资)。

- 游戏领域:腾讯游戏(绝对领先地位),40 多家游戏创业公司(投资)。

- 文学阅读:阅文集团(起点中文网、创世中文网等,行业第一)、懒人听书(投资)、天方听书等。

- 动漫搞笑:腾讯漫画、腾讯动漫(绝对领先地位)、百思不得姐(投资)。

- 兴趣内容:兴趣部落、腾讯微博、知乎(投资)。

内容体系之外,是腾讯的服务布局,包含线上服务、线下服务和企业级服务三大部分(见图 5-2)。

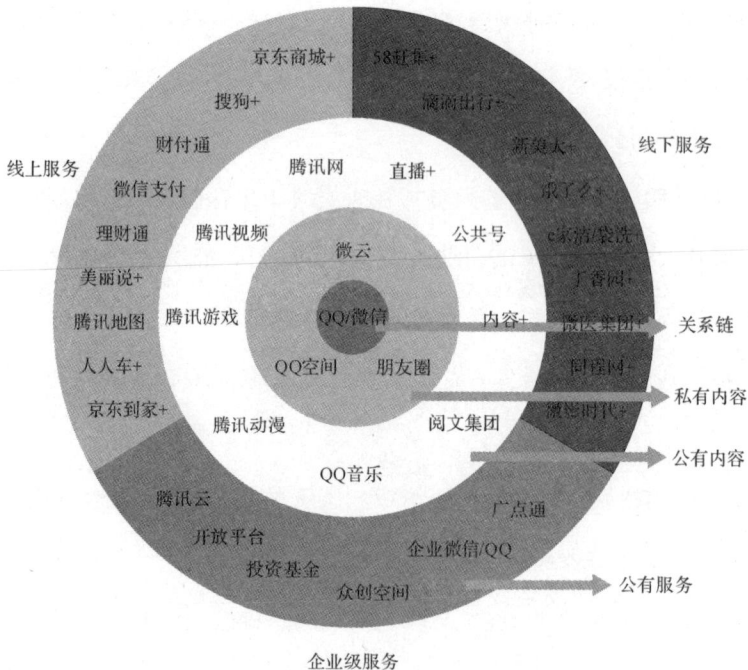

图 5-2　腾讯在内容领域的产品布局

来源:汇智创享

• 线上服务:京东商城、京东到家、美丽说、人人车、搜狗、财付通、微信支付、微众银行、理财通以及腾讯地图等。

• 线下服务:58赶集、滴滴出行、新美大、饿了么、e家洁、e袋洗、丁香园、微医集团、同程网、艺龙网及微影时代等。

• 企业级服务:腾讯云、开放平台、投资基金、众创空间、企业微信/QQ、Foxmall等。①

因此,庞大的腾讯生态是马化腾倡导的"腾讯开放精神",即源自社交基因——社交网络天然呈网状,鼓励朋友间开放分享。他认为,未来的腾讯将会生长出许多的垂直细分生态,每个合作伙伴之间可以开放分享、自由连接。

## 第二节    手Q战略启示:集中精力在成功的关键因素上

从2011年1月21日微信上线,到2014年1月24日的"抢红包"引爆,这3年是属于微信的"创世纪"时间,它稳扎稳打开创了移动互联网的新天地,打开了互联网的另一扇大门。

就在腾讯生态战略核心之一的微信已经在移动互联网时代稳稳拿下一张船票时,马化腾清醒地意识到,QQ可以统占人们的桌面,而微信无法统占人们的手机。

---

① 张浩.深度解读,腾讯的战略盲点与两大危机.钛媒体,http://www.tmtpost.com/1707030.html.

2013 年 5 月 8 日，手机 QQ 4.0 版本上线，这是腾讯移动互联网时代的另一大杀手锏。可以说，手机 QQ（以下简称"手 Q"）这一步的打法非常漂亮，其与微信的关系逐渐明朗，是腾讯两条腿布局移动互联网的成功实践。

总结腾讯手 Q 的战略打法，我们可以看出，马化腾已然拥有战略家的思维，特点有三：一是对市场环境的捕捉能力；二是企业处于变化中，知道如何做出应对；三是找到比较优势。

首先是对市场环境的判断。哥本哈根商学院的企业战略课告诉我们，21 世纪商业战略的特征是：企业竞争变得不一样了，企业更依赖于创新，企业已经不再是销售型经济。

这带给我们很多思考，传统的销售经济轻而易举被新经济形态打败，创新的意义在这个时代尤为重要。这个时候，你会看到摩拜单车、优步、特斯拉这类企业的兴起，时代以及趋势的演变改变了商业世界的规则，谁掌握了这种规则的玩法，谁就破解了商业的密码。

那么，面对 2013 年以后的腾讯，我们需要思考，商业世界的规则发生了什么变化？

来看大环境——移动互联。

2013 年是移动互联网爆发元年，艾瑞咨询的报告显示，2013 年中国移动互联网市场规模为 1059.8 亿元，突破千亿元大关，同比增长 81.2%；移动互联网市场进一步发展，进入高速发展通道。

移动互联网市场环境得到进一步改善和优化，互联网公司、创业者、传统企业等产业链多方积极参与和布局，不断推动移动互联网市场向更理性、更成熟的方向发展。同时，不断探索和实践移动互联网的商业模式，进一步加快商业变现的步伐，推动移动互联网市场规模在 2013 年创下新高。①

马化腾认识到，微信无法在移动互联网领域占据社交的唯一宝座，将来很可能有一个或多个产品代替 QQ。

做出这一判断的依据是第三方数据调查。早在腾讯手 Q 推出之前，腾讯已经花费重金邀请第三方调查公司，对全国各地的手机用户使用习惯进行调查，结果显示，在一线大城市中，微信占据注意力中心，而在二线以下的城市中，手机 QQ 仍然是移动沟通的王者。

"在 QQ 的 8 亿活跃用户中，有 5.5 亿通过手机登录，手 Q 的活跃用户是微信的两倍。但在大城市用户中，微信侵蚀 QQ 的过程已经十分明显，而这种侵蚀靠的是更符合手机的界面设计与操作习惯，以及对移动需求的更精准把握。在大城市中发生的事迟早会在中小城市中发生。"②

因此，腾讯手 Q 是移动时代腾讯抢占手机终端的必然举措，是企业保持持续增长的冷静分析。在考拉看看投资专家赵李南先生的《投资的本质》一书中，赵李南用"护城河的动态评估"来衡量企业的增长动力，包括定量指标、成本优势、网络效应、转换成本、无形资本等多个维度，其中，考量战略方面的评估维度为："公司面临的最大的机会和威胁是什

---

① 艾瑞咨询，2013 年度中国移动互联网核心数据报告。
② 阳淼. 从手 Q 与微信之争，看腾讯内在的真实矛盾与战略. 虎嗅网，https://www.huxiu.com/article/14609/1.html

么？公司将现有优势扩张到新产品或市场的可能性如何？进入公司现有市场的壁垒是否在降低？公司是否处于被新进入者摧毁的风险中？"

有着这种认识，腾讯手Q顶着压力上线，被定位为年轻人的移动社交工具，与微信有两个最明显的不同：一是年轻人的个性化，微信的好玩程度远远低于手Q；二是年轻人崇尚独立与隐私，有一种说法是，90后与00后不上微信的原因之一是，微信是中年人的社交天堂，在那里，充满着炫耀、比较，毫无隐私。

于是，我们看到，在移动浪潮下，面对竞争对手的压力固然已很艰难，但对腾讯而言，更重要的是，敢于自我革命。提早布局移动的好牌已经抓在手里，采用什么样的战略和战术才能大杀四方？

2013年5月8日，大改版过后的手机QQ 4.0版本上线，新版手机QQ不仅在交互设计细节上做了大量的优化，并且在思考"移动端沟通场景"上做出了一些变化，新增了大量优秀的功能，提供了更优良的用户体验。

有一个试图改变用户使用习惯的新功能遭到用户的疯狂吐槽：取消了在线离线状态显示。去除了好友在线状态，即任何好友都是彩色头像，这也是4.0版本对比之前最大的一个变化，为了保留用户习惯，"动态"中提供了一个"在线好友"的功能以缓冲该改变带给用户的迷茫。但由于该变动饱受差评，且App Store遭受了上万票的一星评价，产品团队很快发布声明称将在两周内还原好友在线状态显示，并提供安卓的退出按键。

事实上，这个新的版本，是将好友是否在线放到了更深的入口，而大部分用户无法接受这一改动。手机 QQ 的产品总监在舆论压力下,在知乎社区上做出回应:每天的 QQ 消息中,65％是通过手机发送的,而由于头像不亮就是离线状态的这一认知,会阻碍留言的动机,所以,整个调整的初衷,是希望让 QQ 具备随时可沟通的认知,好比发短信,可靠性非常高,发之前就不会想对方有没有开手机。

从过去"什么是对的",到也要思考"什么是被认同的",用户角度觉得体验差的功能,QQ 产品团队就在两周内推出优化版。

"QQ 的这次改版遭到了很多吐槽,主要是在淡化在线状态这个点上步子迈得有点急,需要做适当回调,这是一次很有价值的'试错'。"腾讯公司副总裁殷宇在专门组织的媒体沟通会上,坦诚地对外表达了 QQ 将继续坚定不移地朝深度移动化的方向前进的决心。外界将其解读为来自内部的微信的压力。

微信更像短信,沟通场景下的压力更低。而手机 QQ 衍生自桌面端,早期桌面端在线率并不高,为提高信息的可达性、可沟通性,设计了在线、离开、隐身、忙碌等状态,用户的使用习惯已经相对固定地延续到了对于手机 QQ 的功能认知上。此外,在线状态意味着发出信息后需要保持即时沟通,沟通压力大,不符合 QQ 一贯轻松愉悦的产品调性。

当时以触屏为主的智能手机输入效率低,导致即时通信应用在手机上的整体沟通量降低,不同的"在线状态"默认指向着相应的沟通方式。如对方状态显示为在线,可能意味着即时的较正式的沟通,发信息本人相应地就要注意措辞。如对方显示为不在线,一些当面说出会对发信息本人造成压力的话语可能更容易被倾诉。产品设计的初衷是希望给用户更自如的沟通环境,在任何场景下都可以随心所欲地畅聊。

这是整体 QQ 移动化布局中一个小小的插曲,但其中曲折不足为外人道。除了受到来自微信的压力,QQ 自己也受到用户的压力。根据腾讯当时内部的监控数据,75％的网民通过移动互联网使用 QQ,每天有 150 万人从 PC 端转移到手机端,而每年暑假和春节都会出现一轮迁移的爆发。

而我们看到的是,手机 QQ 虽然对自己和微信的关系存有疑虑,但它没有停止对产品的探索,一直贯彻着"小步快跑,试错迭代"的腾讯产品策略,在优化移动体验的同时,陆续推出了基于移动端的 QQ 手游、QQ 阅读、兴趣部落、QQ 钱包、QQ 红包等新功能。

2014 年 4 月 11 日晚上 9 点 11 分,腾讯旗下 QQ 同时在线账户突破 2 亿,其中通过手机 QQ、QQ for Pad 等移动端登录的账户超过七成。

QQ 并不打算作为简单的 PC 版渠道补充,或是就此宣告被微信打败。

QQ 找到了自己的路,在移动互联网时代的差异化核心竞争力——产品核心。尽管微信为移动端量身定做,搭载了很多腾讯以往尝试过但没有成功的业务,但跨平台跨终端的 QQ 有得天独厚的娱乐化因子,完全可以用差异化的打法,战略性地骑墙。

最后是比较优势,其实就是日本战略大师大前研一认为的企业应该集中精力在成功的关键因素上,并且充分发挥战略自由度。

大前研一认为,总有一些有助于取得竞争优势的关键因素,如果将企业的资源集中投入其中,而你的竞争对手又没有这么做,那么,你就获得了竞争优势。

马化腾明白,QQ发展了十几年,已经覆盖了七八亿用户,任何一款新产品在短时间内都无法替代QQ在社交方面的用户认知度。与此同时,想要把PC端的QQ搬到客户端,本身又存在撕裂产品需求的危险,能不能实现突破,也是腾讯面临的非常现实的问题。

庆幸的是,腾讯在手Q产品的开发上,找到了当年创业时的感觉:小步快跑,试错迭代。手机4.0版本推出后,腾讯陆续推出了基于移动端的QQ手游、QQ阅读、兴趣部落、QQ钱包、QQ红包等功能,并花大力气去开发街景地图、浏览器、通讯录等工具性产品,在2014年,腾讯QQ通过移动端登录的账户超过了七成,手机QQ真正成为腾讯的一支移动互联网重兵。

## 第三节 泛娱乐战略:滚雪球式快速发展

具有远见的战略通常能释放出某个行业中被埋藏许久的潜能,腾讯的泛娱乐战略正是如此。它从底层改写了内容产业的逻辑,让过去藏于人们脑海中的奇思妙想变得越来越具有价值。内容,不再只是某个人孤芳自赏的小乐趣,它们正通过通畅的网络渠道从个体奔涌向全球。

一个年轻的《英雄联盟》忠实玩家利用自己的闲暇时间上网写小说。他没有料到，自己以"乱"为笔名发表的网络故事竟然受到无数网友的热捧。大学毕业后，这个网文创作者没有选择所谓"正常"的就业渠道，而是选择了发挥自己的原创力，撰写以电竞为背景的小说来养活自己。无数网络阅读者通过腾讯平台接触到类似"乱"这样的网络作者，他们乐意在追读的同时不断为自己喜欢的内容买单。另一个在传统动漫领域无法实现职业化的创作者佟遥，也通过腾讯动漫平台的助推拥有了点击量过亿的作品：《王牌御史》。

类似的事情每天都在发生，无数具有创作力的个体开始在腾讯平台上熠熠发光。过去在传统行业中缺乏渠道空间的个体开始有机会被看见，过去从未想过创作才能可以转化为商业收益的个体开始意识到自身的价值。所有这些事情，都是过去无法想象，而如今随着泛娱乐战略一并生根发芽了。

我们知道星星之火，可以燎原，拳头般大的一团雪顺着山坡滚下可以汇成一只巨大无比的雪球。可人们往往容易忘了多问一句：最初是谁点燃了那一点火星？又是谁把一团小雪球推下山坡的？在泛娱乐的大系统中，谁才是源头的火星或雪团？是用户。或者更准确地说，是每一个具有内容生产可能性的独立个体。

腾讯清楚地看到了这一点。"创作者与消费者界限将逐步被打破，每个人都可以成为创作达人，都可以实现自己的梦想。"腾讯集团副总裁、泛娱乐战略布道师程武不无自豪地提到，他正带领腾讯互娱战队投身这场声势浩大的发掘之旅。

那么，当我们将目光投向更遥远的未来，腾讯这套战略布局还将改变些什么？它源自腾讯怎样的思考和预测？又有着怎样的内在逻辑？

想要回答这些问题，我们首先要去看腾讯洞察到的内容趋势是什么，它如何看待内容领域的未来。

从产业发展的状况和已经到来的万物相连时代来看，随着技术的深化和扩展，终极个人都将成为"数据人"和"内容人"，每个人都是一个数据和内容生产中心，一切行为都将用数据来定量分析，用内容来评判质量。

每个人都是内容生产者，每个内容皆是 IP，腾讯希望搭建一个自由表达创意的生态，为所有艺术领域中的优秀创作者、为每一个优质的 IP 带来机会。

因此，2015 年 3 月 30 日，在 2015 腾讯互娱年度发布会上，程武从细节着手，抛出了面向未来的 5 点思考：

1. 任何娱乐形式将不再孤立存在，而是全面跨界连接、融通共生；

2. 创作者与消费者界限逐渐被打破，每个人都可以是创作达人；

3. 移动互联网催生粉丝经济，明星 IP 诞生效率将大大提升；

4. 趣味互动体验将广泛应用，娱乐思维或将重塑人们的生活方式；

5. 科技、艺术、人才自由，"互联网＋"将催生大创意时代。

当然，仅仅有对未来趋势的预测和一个美好的蓝图构想是没用的。战略不仅仅是布一些孤立、散乱的点，更重要的是基于系统思考，在探索中找到完整的执行路径。战略必须落实到每一个执行节点上，时刻关注其演进的所有环节，时刻把握产出与产能的平衡，才能最终构建出产业的生态系统。

具体到腾讯泛娱乐战略，我们可以窥见一个完整生态战略的实践过程：从最初极度聚焦的"播种期"到垂直整合产业链的"培育期"，作为生态构建者，腾讯一直秉持着持续投入的耐心，帮助内容生产者获得价值上升的渠道，自己并不急于从内容上获得即时回报。直至某个生态参与者的影响力逐步扩大，培育进入"成熟期"，腾讯才进一步借助"IP 效应"将其拓展到更大的领域中，从而最终收获培育的果实。

我们看到，从战略打法上来讲，泛娱乐战略可谓兼具远见与深度。

远见代表战略布局的时间，它与内容能力成长缓慢的特性相匹配；当被问及生态打造的时间表时，程武坦承："我们的目的不是做文化快餐，IP 不是文化快餐。我们要做的是有生命的故事、人物、情感和人类本身价值观的东西，我觉得时间可能比传统更快，快到什么程度合适，有的地方我们如果快了，或许我们会再收回。"

一个能更好地佐证泛娱乐战略"耐心"程度的例子来自腾讯动漫。当泛娱乐战略刚开始起步时，团队做的第一件事就是"播种"。他们不断接触国外动漫机构，争取和引进了一批高质量动漫作品，再以完全免费的方式放到腾讯动漫上供读者观看。从《火影忍者》到《海贼王》，腾讯动漫逐渐吸引和聚集了一批动漫迷。

其次，团队开始启动"培育"工作。他们和不同的漫画作者签约，用 4 年的时间培育孵化了超过 2 万部正式签约作品，其中有 40 余部漫画点击量突破了亿次大关，最受欢迎的漫画创作者年收入甚至过百万。

在国内原创能力培育相对成熟以后，团队才在 2015 年启动了面向海外输出版权的工作。把每一步都走踏实，对内容领域保持宽容和开放的态度，是战略能够显现出成效的重要原因。

而泛娱乐战略的深度则体现在它对产业发展路径的理解与整合上。

泛娱乐这个概念最早由程武于 2011 年提出，指的是基于互联网与移动互联网的多领域共生，打造明星 IP 的粉丝经济，其核心是 IP，可以是一个故事、一个角色或者其他任何大量用户喜爱的事物。

简单说，腾讯对内容产业的理解是超越了传统行业边界的。它思考的核心有两点：

一是如何获取更多的内容源？如何发掘足够多具有内容生产能力的个体？

二是如何才能让个人脑海中的抽象内容从一个小小的灵感成长起来，进而向世界迸发出它的光芒。

第一个问题的答案相对容易一些。因为综合腾讯的自身资源来看，其核心优势主要包含了以下 3 点：

第一，雄厚的资金实力让腾讯无须孵化相关业务，可以通过收购的方式，快速获得优质的内容 IP 资源，在 BAT 三家巨头中，腾讯的资金实力也是有目共睹的。

第二，泛娱乐行业受众本身就是 C 端客户，腾讯的优势和核心客户资源也都在 C 端，腾讯不但可以通过简单的引流方式给优质内容带来巨大的流量，还可以通过对 C 端的调动，实现在线 UGC 的协作，形成一个自有内容制造的生态圈，同时还可借助腾讯积累的 C 端的大数据分析,对用户的喜好和行为做出预测,反过来,对作者的创作方向有很好的借鉴,提升了产生爆品内容的成功率。

第三,腾讯汇聚了大量优质内容生产的平台,虽然从短期来看,BAT在泛娱乐的渠道布局旗鼓相当,但是从长远看,腾讯源源不断的优质内容,将会让其他两个对手望洋兴叹。

而第二个问题的答案则比较隐蔽。如果要概而言之,可以用"合纵连横"来形容。

首先,腾讯需要"合纵",为个人创作者打通垂直领域的上升通道。这样灵感才能进一步获得转化的价值空间。

其次,腾讯需要"连横",让已具备一定质量条件的内容能从一个比较窄的领域进入更广阔的天地。例如一个游戏内容是不是可以转变成一个影视故事?一部小说内容是不是可以转变成一个动漫?就这样,产业与产业之间的壁垒被击破,IP概念携其天然的"连横"之势闯入我们的视野。

IP意味着个人灵感扩张的可能。毕竟,当文学、游戏、动漫、影视汇聚成同一片水域时,任何一个单一小池子中的生命都可以通过互通有无扩大自身的影响力。顺着这个思路走下去,我们就不难理解腾讯从组织架构的角度构建出四大内容平台的根本原因了。在"连横"战略的影响下,内容相关的产业间开始发展出协同共生的进化关系。这种关系不仅重新反哺于腾讯,更是影响了其他众多与内容相关的企业。除BAT以外,各大影视公司、游戏公司纷纷闻风而动、各施拳脚,内容江湖的故事依旧未完待续。

泛娱乐战略基于生态和系统的思考极富启迪意义。它深入洞察传统却突破了传统壁垒的打法值得每一个致力创新的企业参考。

## 第四节　并购背后:摆在第一位的永远是战略价值

对于一家企业而言,并购到底有哪些好处?

显而易见的答案是,并购能够帮助企业实现套利、获利,比如上市公司之间的并购、证券化的套利,以及创投带来的高额回报都是基于这种逻辑。我们常常听到一些投资方说,我们的目标很直接,直接投资临上市之前的创业项目,俗称"临门一脚"。显然,在这种并购中,投资的逻辑和产业的逻辑并不是那么重要。

还有一种并购的战略要看产业上是不是能够协同,并购后能不能在产业链上达到互补,能否节省成本,能否控制话语权,也就是常说的协同效应。

最后,并购也是一种战略投资,包括价值发现和成长分享,标的是不是具备未来行业中的领先潜力,这是在并购中需要考量的重要因素。

让我们先来看看腾讯这家超级巨头在过去 12 年中的并购步伐。

2005 年的腾讯突然宣布收购 Foxmail 软件和有关知识产权,Foxmail 的创始人张小龙及其研发团队 20 余人全部并入腾讯。

可以肯定的是,腾讯收购 Foxmail 的直接目的是提升电子邮件客户端的服务质量,进而推出更优质的网络版邮件服务。事实也是如此,收购完成以后，短短几年内，腾讯迅速在邮箱领域迎头赶上，一度与如日中天的网易邮箱和新浪邮箱并举。

2006年到2009年的几年间，腾讯的并购动作多集中在电信增值服务和游戏领域，而后随着2006年国家整顿SP行业，手机用户因各种SP业务的野蛮生长而纷纷罢用SP业务，腾讯早早就放弃了在这个领域的并购行为。因此，我们看到，腾讯只在2006年收购了两家SP公司：南京网典科技、北京译码，2007年收购了北京的两家SP公司：英克必成、掌中星天下，2008年再下"双城"，拿下广州云讯和天津手中万维。这6家公司全数皆为100%收购，但之后腾讯在SP领域的收购戛然而止。

游戏行业是腾讯截至目前依然活跃的投资领域，从最初的收购游戏公司，再到后来的构建整个产业链，都可见其在业务架构中的重要地位。

在游戏行业的收购中，最开始的投资逻辑更像是点对点的打法。2005年入股的深圳网域是从事网游开发的企业，其拥有的华夏online公测，同时在线人数突破10万，使得深圳网域在行业内脱颖而出，拥有多项自主知识产权，成为明星式的网游公司。当时腾讯一直想进入网游市场，拓展研发实力，于是就有了这次收购。

也是从2005年开始，腾讯开始走向海外，先是收购了韩国网游开发商GoPets Ltd.的少数股权。

2010年是腾讯并购动作的分水岭，而后腾讯更多地朝向产业链投资、战略发展（见表5-1）。新财富苏龙飞先生总结道："腾讯的全产业链投资特征，在游戏领域呈现得最为明显。截至目前，腾讯先后打造了

3个游戏运营平台——休闲游戏平台、竞技游戏平台和移动游戏平台,可以说是国内网游领域的集大成者。在国内网游市场,腾讯的份额占据半壁江山,营收超过网易、畅游、盛大、完美、巨人等巨头之和。依托自己作为游戏运营商的强势地位,腾讯在自主研发游戏的同时,也在游戏产业链的上下游进行了大量的并购。"①

表 5 − 1　腾讯在游戏领域进行的部分产业链并购

| 游戏技术底层 | Epic Games(美国) | 虚幻系列游戏引擎 |
|---|---|---|
| 游戏开发 | 网域(中国) | 代表作《QQ 华夏》 |
| | Riot Games(美国) | 代表作《英雄联盟》 |
| | Next Play(韩国) | 代表作《QQ 仙境》 |
| | CJ Games(韩国) | 代表作《全民砰砰砰》 |
| | 擎天柱(中国) | 代表作《封神》 |
| 游戏运营 | Outspark(美国) | 北美地区网游运营平台 |
| 游戏渠道 | Level Up(新加坡) | 掌握巴西、菲律宾及美国部分游戏分发渠道 |
| | Kakao Corp(韩国) | 韩国移动游戏分发平台 |
| 游戏辅助 | ZAM(欧洲) | 游戏插件社区 |
| | Kamcord(美国) | 游戏视频录制 |
| | RunWilder(美国) | 游戏人物形象设计 |

来源:新财富

显而易见的是,2011 年以后,腾讯开启全面并购步伐,涉及领域从

---

① 苏龙飞.史上最全:一文详解腾讯 537 亿并购的 80 家公司.雪球网.https://xueqiu.com/2164183023/30889912

早期的几个变成几十个,这从另一个侧面也反映出腾讯打造生态平台的目标。

2011 年 1 月 24 日,腾讯宣布成立腾讯产业共赢基金,预计投资规模 50 亿元,为互联网及相关行业的优秀创新企业提供资本支持,一些老资格的腾讯人成为基金业务管理者。6 月初,腾讯宣布参与投资创新工场发展基金的人民币基金,对创新工场所孵化的企业或其他早中期阶段优质互联网科技公司进行扶持,该基金总规模为 7 亿元,是腾讯产业共赢基金中的一部分。

在腾讯的投资业绩中,微信的入口价值立下了汗马功劳。从 2011 年 1 月 21 日微信上线,到 2013 年微信宣布月活跃用户数达到 3 亿,这个明星产品以迅雷不及掩耳之势成为腾讯的现金牛产品。完全为手机量身定做的微信,替腾讯在移动互联网时代抢占了一个无可替代的入口。到 2015 年 6 月,微信和 WeChat 合并月活跃账户数达到了 6 亿,覆盖了九成的智能手机,俨然成为最大也是最活跃的移动社交平台。

对于腾讯而言,更具有战略意义的是,微信的绝对优势地位,让腾讯在资本市场有了足够的底气。微信不可替代的入口优势,是重要的砝码,腾讯在资本市场上展开了凌厉的并购行动。截至 2017 年 10 月,腾讯公司旗下的企业创业投资平台——腾讯产业共赢基金公开的投资有 445 笔,行业分布横跨游戏、文化娱乐、电子商务、企业服务、医疗健康、交通出行、社交网络、本地生活、广告营销等领域。围绕着主营业务,腾讯在投资数量和金额上都是国内互联网行业的领跑者。其中有几笔比较著名,对腾讯自己也意义颇大的投资。

2013年4月1日,腾讯和经纬中国以1.5亿美元投资滴滴打车(后更名为"滴滴出行")。滴滴创始人为阿里系出身,接收腾讯投资时很迟疑,但是腾讯布局交通出行的决心很大,并最终参与见证了一个世界级的"独角兽"的诞生。

2013年9月18日,腾讯以4.48亿美元战略入股搜狗,并将旗下的搜索和QQ输入法并入搜狗现有的业务中,腾讯持有新搜狗36.5%的股份。搜狗与腾讯的渊源颇深,这次腾讯能够给出的资源和资金,让搜狗一扫其在"3Q大战"中若即若离的态度。这一举措不仅使鸡肋的腾讯搜搜业务获救,完成在浏览器上对360的制约,还获得金山在安全领域左膀右臂的助力。

2014年2月,腾讯以4亿美元入股大众点评,为腾讯获得线下支付的场景再下一城。

2014年3月11日,腾讯以2.14亿美元现金以及其他资产对价收购京东15%的股份,将旗下电商资产QQ网购和拍拍实物电商部门以及配送团队整合并入京东体系。最为重要的是,腾讯用微信的一级入口,置换国内Top2 B2C电商的经验。

2014年6月27日,腾讯宣布以7.36亿美元的价格收购58同城19.9%的股份,成为该公司的第一大股东。腾讯在垂直服务B2C市场上又有了强有力的联盟。

……

刘炽平实现了他初到腾讯的目标,以首席战略投资官的高度,主导了众多大型投资活动。以资本推进的开放战略大幅提速,让腾讯从一家互联网公司演变成一家互联网基础平台。多年来难有起色的搜索、O2O及电商等业务纷纷从主体中剥离,转而与各自领域的强势公司形成结盟关系。难能可贵的是,他懂资本,也懂腾讯,腾讯的线上强项在下半场很难保持绝对优势,尽早抢占线下资源,围绕着线下场景布局,正是对"在线生活"战略最好的回答。腾讯好像真的一步一步在实现"自己的产品和服务像水和电一样融入生活当中"这一梦想。

此时,腾讯的投资收购逻辑已经十分明显了,凡是被投资的标的,都是与公司的未来战略和业务有着强关联和高融合度的,此外,腾讯押注未来的动作也清晰可见。

比如,2017 年 3 月 17 日,腾讯通过旗下的黄河投资(Huang River Investment Limited)以 17.78 亿美元的价格收购了特斯拉 816.75 万股股票,其持股比例达到 5%,这也意味着腾讯已成为特斯拉的第五大股东。

投资摩拜,有着腾讯扶持的意味,腾讯通过强大的入口,为摩拜导入流量,微信扫一扫可以直接接入摩拜。据称,腾讯当年投资滴滴,帮助腾讯拓展了线下支付的场景,而这次出手摩拜,除了能够进一步扩大微信支付市场份额外,还推了一把小程序,两全其美。

回顾腾讯这 12 年的投资路径,其战略逻辑非常明显,即产业链战略。腾讯产业基金前任董事总经理彭志坚曾接受采访称,腾讯大部分投资项目是战略价值和财务价值并重,但最核心的就是战略价值,即项目既要和腾讯自身优势互补,更要有前瞻布局性质。

　　所谓战略价值，其实是相对而言的，一方面来自竞争对手，另一方面来自产业链。如果我们将市场看作一场零和游戏，并购可以带来的是主动权，也就是不想受制于人。

　　比如，2011 年腾讯战略投资金山软件，通过金山软件股东的股权转让，投资金山软件 15.68％的股权，同时，腾讯战略投资金山子公司金山网络。有了金山这张王牌，腾讯在安全领域可以高枕无忧了。

　　腾讯在产业链方面的布局更是大手笔，我们常听到一种说法是买下整个产业，于腾讯而言，最有代表性的是游戏产业。

　　1. 游戏开发

　　2009 年，腾讯入股美国游戏开发商 Riot Games 公司。当年 10 月，Riot Games 发布了风靡全球的网络游戏《英雄联盟》。两年后腾讯更以4 亿美元的代价，收购了 Riot Games 公司 92.78％ 的股权。

　　2010 年，腾讯联手风投基金 Capstone Partners，在韩国打包投资了7 家游戏开发公司，这 7 家公司开发的网游产品包括休闲游戏、大型多人在线角色扮演游戏（MMORPG）、第三人称射击（TPS）、第一人称射击（FPS）、魔幻风格（SF）等多种类型。

　　2012 年，腾讯收购美国 Epic Games 公司，这是全球知名的网游公司，客户几乎包括了世界上所有的大型游戏开发商，如微软、索尼、EA、THQ、NCSoft、Webzen 等。

　　2. 游戏运营

　　2008 年，腾讯收购游戏公司 VinaGame 约 20.2％的股份，并于 2009年增至 22.34％，后者目前是越南当地最大游戏运营商，并开发出一款类似微信的通讯应用 Zalo。

3.游戏渠道

2012 年,腾讯通过收购新加坡游戏发行商 Level Up,掌握了巴西、菲律宾及美国部分游戏分发渠道;同年还收购了游戏插件社区 ZAM 公司。

腾讯的产业链布局不只在游戏领域,从 2010 年以后的投资并购活动中,我们看到腾讯在电商、移动互利网、人工智能等各个领域的布局,几乎都是全方位出击。

如今,腾讯已经告别内生式增长阶段,而走向投资驱动增长阶段。从并购的战略、逻辑、结果来看,腾讯几乎都围绕业务来进行,投资界评价道:"腾讯的投资更像是在玩拼图游戏,以游戏为大本营,向电商、O2O、金融等领域扩张壮大。其投资战略意图也非常清晰——自身不强,投资来补。"就像彭志坚说的那样,腾讯内部的投资策略一直很清晰,摆在第一位的永远都是战略价值。

# 第五节　小程序:用价值创造实现连接

思考一下,在一个没有边界、不确定、非零和的市场环境中,企业靠什么才能处于不败之地?

有人说,像微软一样,打造一个"想死都死不掉"的生态系统;也有人说,像苹果公司一样,通过构建端对端"一体化"来获得巨大成功。

　　实际上，无论是哪种方式，我们都可以看到，未来主流企业的核心战略正是打造"生态"。零和游戏时代，企业内向寻找和建立更具优势的业务组合；如今，所有企业都存活在生态圈中，企业的竞争优势不再依赖于内向竞争力，而是与生态圈内的共同体同存活、同灭亡。如同微软，无论时代如何变革，在微软构建的生态系统中，都以业务与情感为纽带，始终联系着生态系统上下层的众多合作伙伴。

　　这里的关键在于，生态系统中，如何实现连接？

　　答案在于价值创造。

　　普通企业往往是以高层决策为中心，自上而下地创造价值。生态企业则不同，企业内部各业务、各部门拥有充分的独立性，他们可以自下而上地创新、改变、创造价值，这是一种去中心化的方式。

　　通过建立这种灵活的"连接"，真正的生态型企业可以跨公司、跨产业地提供更加"一体化"的服务，也正因为是"连接"的关系，当用户需求发生快速变化时，企业也能够更快地重新选择，构建自己的连接体系，从而更能适应快速发展变化的商业世界。

　　比如，郭士纳带领 IBM 转型的战略已经初步显示了生态"连接"的雏形，苹果公司又真正推动这种生态战略进一步发展。

　　腾讯的"连接器"战略后，几乎所有的产品动作都是试图去"连接一切"，每一步战略动作都指向一个目标，打造互联网生态企业，连接的背后显现出，腾讯搭建了一个能够为用户和合作伙伴开放的价值平台。

　　在整个微信生态中，微信订阅号解决了人与信息的连接，微信服务号解决了人与服务（商业）的连接，小程序实现了人、钱、服务的连接闭环，是虚拟世界与现实世界的连接器。同时它还实现了信息价值获取、商业服务价值的实现以及线上线下的价值互通。

因此，我们再来看2017年小程序的推出。显然，小程序微信生态战略的重要布局，使命在于将线下的体验和产品通过二维码连接起来，让线下场景通过二维码来实现。

从表面来看，小程序背后的战略逻辑是：

1.通过小程序搭建新的生态环境。

2.小程序不是产品，而是一套开发工具，专有代码集，是一套独立于H5、iOS、Android的全新开发环境。

3.小程序的诞生，表达出腾讯的生态进化向着如同微软一样的生态系统方向发展。

从深层次来看，小程序实现了场景与入口的价值再造。

## 连接场景

2016年1月9日，张小龙和团队成员在会议室合影留念，背后的白板上留下模糊不清的几个字："应用号（小程序"前身"），2016.1.19，启动日"。

从这一天开始，8个月后小程序开始内测，期间腾讯对微信小程序提供的API后台功能等做了较大调整。和微信订阅号不同，小程序需要一定的技术开发和产品设计能力支撑，微信团队希望通过阶段的产品优化和功能迭代，有节奏地指引内测开发者/运营者，朝正确的方向努力。

2017 年 1 月 9 日，小程序带着"不确定性"来到了这个世界上，这种"不确定性"主要来自市场。尽管 12 天前，张小龙已经在"2017 年微信公开课"上用几个小时的演讲全面分析了小程序。但大多数人兴奋过后，依然是一脸茫然："小程序到底能为我带来什么？我能不能变成小程序时代的'乔布斯'？有些事情，方向一旦不对，那只会越来越远。

有业内人士把张小龙几小时的演讲总结成一句话："小程序希望用即用即走的方式激活线下，连接场景。"

腾讯产品一直强调赋能，讲能力，不是功能。小程序其实是一个载体，通过这个载体，用户（B 端和 C 端）将获得一种能力。功能非常具体，是为了实现某一种目的。而能力更抽象，它是本质性的，层级更高，使用某个能力，得到的功能结果不一样。

小程序将很多低频长尾需求纳入线上体系中，在丰富用户使用场景的同时延长了用户在微信上的时间，通过场景使用，连接人与商业。

**搭建入口**

在社交和应用上，微信变得越来越无所不能，用户花在微信上的时间超过任何一款应用，无论是商家还是个人和企业，纷纷为争夺流量入口而费尽心机。

　　小程序的推出，是腾讯在产品端的减法实践。小程序退出后，可以去连接更多入口级的轻应用场景。在更低成本的消费环境中搭建服务入口和服务通道，是腾讯践行开放战略的关键一步。

　　相比推出时的低调，2017 年，小程序逐渐走到台前。2017 年 4 月 22 日，微信官方通过"微信公众平台"发布消息称，公众号文章支持添加小程序卡片，自此公众号和小程序之间实现了无缝对接。这意味着，对于此前苹果官方禁止的公众号"赞赏"功能，微信已巧妙将它引导至小程序内。

　　由此看来，微信和小程序都是腾讯公司"连接一切"策略中的重要棋子。

　　微信创始人张小龙曾经这样定义小程序：用完即走，不积累粉丝，不做基于流量逻辑的应用分发，不推荐朋友圈、不分类、没有统一入口，放开的"口子"只有社交链分享和搜索。

　　这是从争夺入口到搭建入口的一大转变，优势却发挥得淋漓尽致。以腾讯和淘宝为例，二者均从线上的 C 端流量包抄线下的 B 端商户，从路径上来看大相径庭，但双方的优势则各有千秋，微信的 C 端从黏性和在线时长上都更具优势，加上小程序本身非常轻，给商户提供极低的触网门槛，而淘宝的优势则在于 B 端本身的线上资源和电商的积累，从综合上来看，腾讯能给予用户的选择更加丰富，并不局限于纯电商，所以优势相对更大一些。

## 第六节　数字时代生态战略的终极考量:掌控全局

商业战略的变化通常有几大影响因素,其中时代变迁能引起技术的变革和生产关系的根本改变,是战略变化的主因。比如,在农耕时代,生产为唯一的模式,产品生产即销售,环节单一,还没有成熟的商业模式存在;到了工业经济时代,品牌为先,就像特劳特在《定位》中所述,商品需要潜入消费者心智,并引发消费行为,企业要做的就是打造能够潜入消费者心智的品牌,在这个阶段内,企业从重生产转为生产与销售双驼峰的战略方向。

21 世纪互联网经济时代到来,典型的特点是分享、共享,互联网作为一种工具,渗透到各行各业,如同蒸汽机、电力驱动着火车、轮船、汽车、电力设备的诞生一样,提高了人们了解世界、改变世界的效率。在互联网经济时代,谁能连接用户,谁就能得天下。以腾讯为例,在互联网发展的黄金 10 年中,腾讯以 QQ、游戏等产品抓住了人们改变生活方式带来的新机遇,利用一个巨大的便捷沟通平台影响着数亿用户的生活方式,并借助这种方式来嵌入各类服务。

2017 年,随着"两会"明确提出数字经济上升为顶层国家战略,数字经济成为一种全新的经济形态,互联网、大数据、人工智能使各种产业相融合,以跨界、平台、生态为特色,重构各个生产要素,构成连接一切的商业新生态。

显而易见的是，数字经济时代呈现 3 个发展趋势：一是纵向扩展，与传统产业全面融合，从消费互联网 2C 转向产业互联网 2B。新零售、新金融、内容产业、医疗健康、在线文娱等领域尤其发展迅速。二是横向扩展，中国互联网企业走向海外市场。三是深度发展，在人工智能、智能制造等硬科技领域（核心技术驱动）形成突破。①

发展特征表现为：第一，强连接，一切商业转移到线上，一切连接皆为社交，一切协作网络化。第二，强平台，中国互联网信息中心副主任张晓认为，阿里、腾讯、百度等作为典型的平台型企业，已成为诸多小微企业附着的"航空母舰"。平台推动生态协作，数字创新层出不穷，打造生态是必然之路，如阿里、腾讯、百度各自建设生态体系，加强内部协作，并激活了微经济。第三，强数据，平台沉淀下海量的数据，而数据是数字经济的血液，其核心在于驱动创新。第四，强智能，大数据是人工智能的基础，2016 年被称作人工智能元年，未来一切产品都将与智能化相结合。②

时代变革带来的一定是商业模型和商业战略的变化。

我们来看，在农耕时代和工业时代，商业模型最为简单，企业销售产品，满足人们的生存需求。互联网经济时代，商业模型为共享、服务模式，企业通过服务和社群模式达到用户的安全、社交、娱乐需求。在互联网经济中，商业诞生了免费模式与分享经济。到了数字经济时代，大数据满足的是定量和个性化的需求，人工智能满足了自我超越的需求。

那么，这样的商业模型变化带来的是商业战略的变化，企业通过提

①② 张晓.数字经济发展的重要意义,阿里商业评论公众号,2017－08－25.

供最好的产品,转变为提供最好的产品与服务,这是早期阶段。随着技术进步和经济发展,企业逐渐重视品牌战略,通过对人们消费行为的分析,无所不能地在品牌营销上做文章。数字智能时代,企业即将实行的是生态战略。

2017 年,腾讯集团首席战略官段永朝在"2017 中国互联网数字经济峰会"上强调了腾讯在数字和人工智能时代的企业定位。他说:"腾讯的自我定位是连接器,以平台和基础设施的角色帮助传统企业更好地利用互联网技术开展工作,大家共建一个生态。"

而在这个定位之上,腾讯"互联网+"具备 3 方面的能力。

第一,用户触达的能力。腾讯有 8 亿微信用户、数亿的 QQ 用户,以及 QQ 浏览器、应用宝、腾讯网、QQ 音乐、手机卫士、QQ 空间、QQ 邮箱、腾讯视频等多款亿级用户的产品。每一个 App 在细分领域里,都有在国内属于顶级的应用。这样一个完整领先的产品序列,具有很强的用户触达能力。这是很多传统企业都非常需要的能力。

第二,基础的技术能力。在包括腾讯云、大数据、LBS、移动支付、安全等的领域里,腾讯都有着深厚的技术积累及产品落地的能力。比如通过微信的活跃数据、支付的数据,以及合作电商的数据、平台的数据等,这些基础能力可以直接移植传统制造业,让置于这个生态下的产业流程再造,效率提高。

第三,资源整合能力。基于腾讯自身的能力,将产业链的上下游,包括开发者、用户、合作伙伴、政府单位、社会力量在内的这些部分整合起来,更好地服务于生态之下的传统企业。陈广域以互联网医疗为例,指出腾讯有能力整合基于医院、外企、主管单位、卫计委在内的分散在各个地方、各个专业领域的资源，使医疗资源发挥出更高的利用率。①

腾讯拥有了 3 个方面的能力，生态战略如何打？

首先是技术驱动，马化腾在公开采访中表示过，腾讯总是在提科技，因为越来越感觉到，最终推动商业的发展一定还是技术的进步，企业掌控了技术，就能够在战略方向上占据制高点。过去还可能存在诸如人口、流量、内容等很多红利，但最终，技术都是一个不可逾越的鸿沟，腾讯一直关注的不只是 AR/VR 方面的技术，而是人机交互。

这与凯文·凯利的判断相同，未来的生态在人机交互、万物互联的基础上，会诞生出很多商业模式和商业环境。所以，腾讯近几年在生态帝国中，用强势的技术去掌控生态全局。就像马化腾说过的，如果腾讯和过去一样只做纯软件、纯服务，可能会在未来失去制高点。也就是说，腾讯一定要关注技术以及技术是怎么演化的，同步在商业战略中，马上能转变到布局可能成为合作伙伴与融合企业的企业上。

2017 年，腾讯的 AI Lab 已经吸纳 50 多位人工智能科学家以及 200 多位人工智能应用工程师。

2017 年 5 月 23 日，腾讯云小微正式上线，这是腾讯云的智能服务系统，也是一个智能服务开放平台，接入小微的硬件可以快速具备听觉和视觉感知能力，帮助智能硬件厂商实现语音人机互动和音视频服务能力。

---

① 腾讯开放三大能力：构建互联网＋开放生态，腾讯科技：http://tech.qq.com/a/20170418/050764.htm

到此时,腾讯人工智能生态计划已经十分明显,包括小微硬件开放平台、小微 Skill 开放平台和小微服务机器人三大平台已搭建完成。AI 的布局矩阵,包括腾讯 AI Lab、腾讯优图实验室、微信智能语音团队和腾讯云等团队。其中前 3 个团队向腾讯云输出算法研究等 AI 技术,而腾讯云结合市场的需求,联合协作封装 AI 技术向全社会输出。

其次是把控基础设施命脉,腾讯对自己的定位是连接器,在整个生态进化过程中,始终注重基础能力的打造,包括云计算、大数据、物联网等。

马化腾认为:"云是产业革新的原动力,接入云之后,会带来数字化的升级;就好比插上电之后,带来了电气化革命。""云+人工智能"在未来相当于"电+计算机"。

2016 年 5 月的数博会上,马化腾就曾透露,腾讯有 18 年海量运营数据,目前整个数据存储中心存储总量超过 1000 个 PB,大于 15000 个全世界最大图书馆的总量,而且每天以 500TB 的数据量上升。

最后是超级智能。腾讯生态的核心是平台共享,它的终极目标是要建立一个超级智能的聚集和共享平台。

回顾整个腾讯已完成的生态系统搭建,如同华夏基石 e 洞察所称,按照生态系统的划分,在生态系统设计的早期,掠夺性占主要地位,一个生态系统公司,如果不进行掠夺性布局,这个公司就不可能活下来。BAT 早期也是基于非常残酷的掠夺,比如百度对版权的掠夺,阿里对企业的掠夺,腾讯对流量的掠夺。如果没有掠夺性的支持,生态系统之后就没有爆发点。随着竞争性生态到达最高点,在其之后的衰落过程中,必然会来到共生性发展阶段。所以衡量一个生态系统最终是否能够成功,就是要看你有哪些共生性的关系。

如今,腾讯生态帝国已现形态:QQ和微信两大产品足够形成用户通达的能力,腾讯云、大数据、LBS、移动支付、安全等技术能力实现生态内企业的流程再造,生态中有上百万家的创业公司,合作伙伴总体估值达到千亿级别。

在腾讯完成2011年许下"5年再造一个腾讯"的目标后,将向着再造一个开放平台的目标进发。

第六章

# 调动组织，支撑战略

从创业初期的"五虎将",到员工 4000 人,再到后来的 4 万人,组织要怎么激发活力?

从产品单一依靠运营商业务,到四处开花,一度同时有 100 多项全业务线的产品,最后到"互联网的水和电",组织要如何适应战略的发展?

从某种程度上来说,腾讯的架构调整过程代表着中国企业在组织形态上的觉醒,这个被认为是在几乎所有行业都所向披靡的巨无霸企业,每次战略演进面临的最大问题就是自己,此时带来的是两方面的尴尬:一边是最好的产品对决,在腾讯内部;另一边却是腾讯的人员很难弄清楚内部到底有多少项目组,到底有多少种产品。

此时,组织的活力能不能被激发出来?组织能不能适应战略的发展,极度考验腾讯的人员架构设计。2004 年,腾讯上市时,员工数不过 2000 多人,此后便以每年 4 位数的速度扩招。上市后的 8 年,员工数已经翻了 10 倍,达到了 2 万多人,如今,腾讯已有 4 万名左右的员工。

因此,腾讯每一次战略的调整,都要伴随组织架构的变革,尤其是在变化异常迅速的互联网时代,有些互联网公司的战略甚至要一年大调数次、小调十几次,组织架构也会对应地发生变化,以至于有互联网公司的员工自嘲"每天都在换部门"。

组织架构调整是支撑战略的最直接的方式,因为组织架构的调整意味着管理团队的变化、人才的流动、绩效指标的重新拟定、团队文化的全新组合、各项资源的重新分配等,我们可以从很多大企业的组织架构中读出企业战略的变化方向,当然上面提到的例子可能过于极端,如果组织架构变动过于频繁,势必造成人员的心态发生微妙的变化,管理层做事不够专注等会提升管理的成本。

于是,我们说,战略与组织之间有着生死相依的关系。战略是对企业整体性、长期性、基本性问题的计谋,为了达成战略目标,影响的因素是多方面的。组织是人、财、物的保障,从务虚的角度来说,清晰的流程、统一的价值观是战略得到落地执行的无形支柱。

组织要素中,文化也是不可或缺的,战略的制定不但要有精准的分析,同时还需要与企业自身的企业文化相适应,这样战略才能得到很好的推行。倘若说一家推行等级制度、服从文化的企业,想采取人人都是创业者的股权激励战略就非常难,因为这种激励措施的前提是轻松平等的企业文化风格。由于二者的企业文化差异,这样的战略就必然不会得到很好的落实。

企业文化代表了一家企业所倡导的价值观,文化本身并没有对与错,就如同武林江湖的不同流派一样,各有千秋。战略则要在企业文化的基础上去构思,这样的战略才是有根的。尤其很多职业经理人人主企业后，如果抛开创始人之前所打造的企业文化自成一派的话，在战略的推行中就会发现处处受挫，根源就在于价值观的不同。

完整的体系与合理的组织架构，加上与之匹配的企业文化，使腾讯大踏步地向前演进发展，2012年是腾讯近年来最彻底的一次组织变革，如同马化腾说的那样，"通过完整的指标体系和组织结构保证压力传导，通过严格考核和末位淘汰制留住好的人才，才能把腾讯打造成一个不依赖个人精英，而是依靠体制化动力的成熟体系"。

## 第一节　战略调整导致组织架构迭代

企业组织架构的重大调整，背后都酝酿着一次新的企业战略变革，换言之，企业的战略变革，总会在组织架构的调整中找到蛛丝马迹。通常，组织架构的公文，也是一次自上而下传递战略方向与决心的公示书。

历史上，腾讯一共进行过四次大规模的组织架构调整，也都是基于不同的战略而设置的。第一次的组织架构调整，主要是配合虚拟运营商战略，当时腾讯的业务非常单一地依靠电信运营商，通过职能的准确划分有利于更好地对接和服务运营业务。

第二次的组织架构调整处于战略发展期，是马化腾提出腾讯要打造一个"在线生活"的新模式，就像日常生活中人们对水和电的依赖一样，腾讯要做成互联网上的水和电。

腾讯希望给用户提供的是一站式和全价值链的互联网服务解决方

案,通过腾讯已经形成的即时通信服务、互动娱乐业务、互联网增值服务、电子商务和广告业务五大业务体系来打造"一站式"的在线生活布局。腾讯的在线生活都是围绕着 QQ 这个核心产品延伸的几个增值业务,通过 BU(Business Unit,事业部)的设置,很好地搭建了一个基于业务系统的一站式架构。

第三次的组织架构处于战略成熟期,马化腾提出了"连接一切"战略,他说:"这两年腾讯将自己的业务做了大量减法,主要业务聚焦在最为核心的通信社交平台、内容游戏等业务上,其他则交给合作伙伴。"腾讯的 BG(Business Group,事业群)制度,正是一个开放平台的组织架构,它能够更好地服务于"连接一切战略"。

2014 年,腾讯又进行了第四次组织架构调整。与其他三次不同的是,第四次组织架构调整不是为了顺应全新的战略,而是在"开放连接"战略的大方向下,结合时代环境变化做出的及时改变。

如果猜想未来腾讯的战略及组织架构的进一步走向,通过下面这组数据可能会就找到一些答案。

就融资阶段而言,根据南极圈(腾讯离职员工的社群组织)资料显示,腾讯系 233 个公司中,B 轮及以上的占比 29%,包括主板上市的企业。而据阿里离职员工组织前橙会提供的资料,阿里 600 多家创业公司里,B 轮以上的占比 17.9%。能够在 BAT 这样的大企业里工作,收入福利固然好,但是"打工心态"的高级白领的能力发挥仍然有限。由于公司上市等因素,诞生了一大批从 BAT 离职创业的"土豪",他们成为中国创业大军中的佼佼者——既有资金又有专业能力、行业资源,不少都能获得老东家的各种支持。

腾讯今天取得的成绩固然了不起，但是要让腾讯帝国真正从 BAT 体系中脱颖而出，就要继续深入执行其"开放"战略，目前，腾讯的组织架构仍然是以其子公司为主来划分，后续如果能够通过资本的力量，将离职员工的创业企业一齐纳入其组织架构中，腾讯的疆土势必能够更快速地拓展。如果腾讯能让其组织架构成为员工创业的平台，那么员工的价值就能最大限度地发挥出来，并且能持续为腾讯做出巨大的贡献。

## 第一次调整：职能型架构

2005 年以前的腾讯，由于此前"移动梦网"业务的展开，一直延续着以职能型架构进行划分的方法，整个公司分为市场部、研发部和职能部门。

市场部被称为 M 线，下设综合市场部和移动通信部，前者负责销售，后者专门负责与三大运营商的业务对接。

研发部被称为 R 线，下设 3 个部门，分别为无线开发部门、基础开发部与产品开发部，同样主要针对移动运营商的业务，负责例如手机端的短信业务等。

总的来说，职能结构方式的优点在于：

1.职能专业化，可有效提高企业效率。每个部门都专注做各自专业领域的事情，而且分管的部门领导是公司该领域的权威，所做的事情相对更加纯粹。

2.有利于培养职能专家。由于在各自的专业部门专注深耕，就可以通过建立专业路线的晋升通道来培养相应的专家。

3.可对日常业务决策进行区分和授权。从腾讯首席执行官马化腾的角度来说，每条专业线上都有最牛的人在负责，自己可以从繁杂的工作中解脱出来，更多地去做一些战略方面的布局。即便出现问题，也只需要"点对点"解决即可。

4.保持对战略决策的集中控制。各部门需要相互配合协调才能产生商业价值，从集权控制上来说，职能型架构最具优势。

当然，职能型结构也存在着一些不可避免的问题，比如：

首先，这种组织架构容易导致专业分工过细以及职能部门之间需要相互配合的事项增多的问题，导致矛盾多发。职能结构在岗位职责上有十分清晰的划分，所谓"一个萝卜一个坑"，每个人会陷入"自扫门前雪"的思维中，很可能出现一个新的项目进来后，某些环节没有人负责的尴尬。

其次，职能难以协调与平衡，比如，当市场销售部门与产品研发部门产生矛盾的时候，就需要最高领导层进行跨部门的协调，这通常非常考验领导人的权衡术，稍有不慎会让一方认为不公平而影响情绪。

最后，难以培养出全面的人才，大家各自专注一块领域，所以除了高层领导外，员工几乎很难接触到本专业以外的工作，而当公司需要某一个项目的总协调者的时候，就会发现缺少跨专业的人才。

## 从职能架构型到业务驱动型

2005 年，腾讯因为自身业务的发展，如 QQ 秀、Qzone 等增值业务，呈现多元化局面，人员规模也得到空前的增长，开始出现很多跨部门沟通的障碍。第一次组织架构变革就发生在这个时期，由职能型的组织架构转变为业务驱动型的组织架构。

从 1999 年到 2005 年，腾讯一直坚持以部门职能为维度的划分方式。可以说，这种职能型的架构在中小企业中是最为普遍的架构模式。小企业中，人数规模尚小，业务也相对单一，整个企业可能也就是围绕着一个核心项目在做，因此，这时其实谈不上是金字塔形结构或者是扁平化的架构。

以职能划分部门，职责更加清晰，但问题仍然会存在。举个例子来说，产品研发部门与销售部门之间会发生矛盾，尤其是在公司生存压力较大的时候，销售部门的销售业绩压力大，销售人员则会抱怨公司的产品竞争力不足、响应支持不到位，由此导致丢单、成本太高等问题，同时，产品价格太高、产品迭代跟不上，与竞品差距太大，产品研发人员对待市场不够敬畏、市场一线反馈的改进建议得不到重视等。

同时，产品研发部门表示他们也很冤枉，不但没有销售提成，还要承受市场前端传递过来的巨大压力，产品已经做到行业领先，但是销售人员并不能很好地传递产品的卖点，在销售过程中存在误导消费者的行为，销售人员传递的市场信息存在失真等问题。

当腾讯的业务逐渐多元，人员庞大后，职能型的组织架构无法适应企业的发展，腾讯第一次大刀阔斧地进行组织变革，这次变革后的影响从 2005 年一直持续到 2012 年前后。

变革的方式为业务驱动型，具体为：

管理部门仍然是总办，所有的增值业务单独剥离出来成为 BU（战略单元），当时形成了 B0 企业发展系统、B1 无线业务系统、B2 互联网业务系统、B3 互动娱乐业务系统、B4 网络媒体业务系统共 5 个 BU，由执行副总裁各自分管这 5 条业务线。

作为业务线的支持部门，由 S 职能系统、O 运营平台系统、R 平台研发系统提供各项支撑，形成一个以业务市场为导向的组织架构调整。

通过这次组织架构的调整，职能型组织架构中存在的不少问题得到了有效解决，业绩的指标完成，尤其是研发与销售部门之间的矛盾得到了很好的缓解。通过本次组织架构调整，生产研发部门的人被分散到各 BU 中由业务带领，BU 100% 独立承担自身的业务指标，生产研发人员第一次承担了市场销售的业务指标，同时也是第一次拥有来自业务线的提成。

这样的方式对于 BU 中的团队战斗力来说，无疑消除了部门之间的沟通障碍，市场销售前端的信息能够得到快速反馈，从一个侧面来说，是销售部门得到了全方位的资源配置和倾斜。当然，这样的组织架构在变革的时候也会遇到不小的阻力，因为每个人员从职能部门中被打散分配到新部门后，不论是 BU 中前端的领导者还是后端的领导者，多少都可能会有沟通上的一个磨合期，这对于 BU 的领导者来说也是一个考验。

从另一角度来说,BU 的领导者原先可能是有着一技之长的领导,但最终必须成长为一个综合能力强的领导。在这样的组织架构之下,指标的考核分解也非常容易,同时又自然地实现了全员 KPI(关键绩效考核)的目标。如果市场中业务出现了异动,则新增一个 BU 或者砍掉一个 BU 对于总体的组织架构来说影响可以降到最低。

### 从业务驱动到事业群

到了 2012 年的时候,腾讯业务驱动型的组织架构再次遇到新的瓶颈。这个瓶颈似乎不同于以往任何一次遇到的问题,因为这是传统互联网和移动互联网时代的更迭时期,原有的各个 BU 都有了自身的移动业务的发展,如手机 QQ、空间等产品的移动互联网版本分散在各个 BU 中,沟通起来成本极高,对于市场的反馈也非常不及时。于是腾讯酝酿了第三次的组织架构调整。

第三次的组织架构调整把 BU 制变成 BG 制(事业群),同时腾讯把搜索业务和电子商务进行剥离,使其分别划归搜索和京东。

七大事业群分别为互动娱乐事业群(IEG)、移动互联网事业群(MIG)、网络媒体事业群(OMG)、社交网络事业群(SNG)、微信事业群(WXG)、企业发展事业群(CDG)、技术工程事业群(TEG)。

我们发现,第三次组织架构的调整更加彻底,这个彻底首先体现在第二次组织架构中的 S 职能系统、O 运营平台系统、R 平台研发系统在第三次调整中已经完全消失,他们的职能都分散到各个事业群中,不再有统一支持一说。

这样的划分让各个事业群在形式上成为一家独立的公司，即从产品研发到销售到各个职能部门都独立到事业群中，各个事业群的管理者将拥有很大的自主权，这个模式之下管理者同时还是持股人，过去的绩效激励被改为股权激励，将更大程度地调动管理者的积极性。

腾讯的总办则更像一个开放的平台，在平台上孵化各个事业群。从腾讯未来想打造的生态圈的概念来说，腾讯就是各个事业群的战略投资人，为其提供战略方向和资金方面的支持，这样有利于各个事业群与市场同行进行更加充分的竞争。

比如，面对一直以来都不太如意的电商领域，腾讯将自身的电商业务并入入股的京东之中，更有利于其价值的最大化。

在这样的机制之下，腾讯人也放下过去的光环，从腾讯这艘"安逸"的大船脱离出去，直面市场的竞争，保持创业的拼搏精神。

## 第二节 扁平化组织令信息自上而下传导

扁平化的组织架构是近年来是一个热门词汇，是相对过去的金字塔式的组织架构而言的。金字塔的组织架构更像是国家的管理机构，如"经营管理理论之父"法约尔提出的"管理十四条原则"就是如此，传统管理理论大多是围绕层级结构的组织特点提出的。按照法约尔的理论，上级不能越级指挥，下级不能越级请示汇报。这在传统理论中被奉为经典。

　　金字塔式的结构在过去的管理组织中也有其实用性，如过去很多企业以生产制造型为主，强调步调行为的一致性。通过金字塔式的管理有利于集权化管理，工作流程和结果都是标准化的；通过多层级架构设计，越往上走享受的权利就会大很多，企业的生存状况会得到极大的改善，从而，让更多人会不顾一切地往上爬；不同组织单元的沟通，都有严格的流程和审批，不容易出现失控和不可预期的风险，这些都是金字塔式结构带来的好处。目前很多政府机构、大型国企仍然沿用这个架构，就是因为他们重视风险会比重视效率更多一些。

　　当然，金字塔结构的弊端也是显而易见的，层级过多造成决策链过长、信息传递不畅，会使企业错过很多商业机会或者因为反应迟钝陷入危机，决策者也会因为距离市场太远，造成决策脱离实际；越是处于金字塔顶端的人越容易出现人浮于事的现象，会造成组织效率的低下；金字塔的架构看似把人管住了，但是束缚的则是员工的创造力；金字塔架构还容易造成部门之间的围墙高筑，不利于跨部门的协作。

　　对比来看，扁平化管理最大的特点是将管理的层级压缩，然后组织就如同一团面粉，压扁了宽度就增加了。将组织扁平化后，实现的好处包括：

　　1. 层级减少，使得领导层更加接近市场，当市场有任何异常或者机会的时候，组织就可以做出快速的反应与决策，快速做出响应。

　　2. 人员更加精简，团队中专职负责管理职能的人减少，几乎每一个人都有具体实操的工作，一方面可以保持对市场的敏锐性，另一方面也降低了纯管理的人工成本。当然不能纯粹为了降低成本而扁平化,因为扁平化架构需要对流程进行优化处理后而进行,是产生 1+1>2 的效果,如果只是纯粹地把管理者将为实操者,那么整体组织的效率反而会大幅下降,人员的心态也会产生问题。

3.扁平化是一种分权,赋予了一线人员更大的权利,他们可以快速地反馈市场信息,通过很少的层级实施审批流程。这无形中就是对一线人员的赋权,包括限制所流行的阿米巴变革都是在这个架构上的应用。

4.扁平化无形中为组织中的人才提供了更广阔的舞台,并不是少数处于金字塔塔尖的人才能成为团队的职能管理人,而是更多具有专业能力的人可以成为项目的管理者,职能的交叉会让很多优秀的人才浮出水面,成为储备的领导干部。

腾讯发展历史上所经历的大大小小扁平化组织架构调整数不胜数,但一切都是围绕着让腾讯走得更快而展开的,我们来看一个案例。

天美艺游工作室是腾讯旗下负责研发精品游戏的工作室。成立仅3个多月,手游的项目就达到 10 个之多,翻了一番。其总经理姚晓光始终坚持在一线,每天去关心产品,和团队成员进行面对面交流,同时做到每天至少体验 2 个版本。正是因为姚晓光精益求精的"死磕"精神,工作室的产品都获得了很好的市场口碑,但是随着项目的增多,姚晓光如此细致入微的工作作风逐渐透支着他的个人精力,每天向姚晓光汇报的人仅工作室就有 10 多个,每天他都要关注各个项目的进展,开各种协调会,频繁在各种不同维度的思考中切换频道。

基于组织架构效率的下降,工作室进行了扁平化的组织架构调整,工作室被划分为 3 个产品中心和 1 个资源中心,同时提拔了多位人才成为各产品中心的负责。通过调整,姚晓光的直接下属减少为 6 个人,这 6 位负责人对项目 100% 负责并且自主制订计划做出承诺。无形中他们在为姚晓光减负,使得其可以发挥出更大的价值。

这里需要提到的一个管理学中的概念叫"管理幅度"。所谓管理幅度,是指在一个组织结构中,一名领导者直接领导的下属人员的数目。一般而言,基层管理者能有效管理的下属在 15~20 人较合适,中层管理者能有效管理的下属不超过 10 人,高层管理者能有效管理的下属不超过 7 人。越往基层的管理者,其管理的专业性相对集中,因此可以同时管理的下属人数相对较多,而高层管理者通常管理的内容跨度更大,因此能有效管理的下属数量就会减少。

在腾讯这样一家老牌的互联网企业中,很多高层的管理者并非是高层管理出身,而是在企业发展历史中展现出了特殊的才能或者做出过非常重大的贡献,从而被推上高管的位置。随着其管理幅度越拉越大,其在管理上的短板就会逐渐显露出来,因此扁平化就显得十分必要了,腾讯历史上因为组织架构调整而出走的高管人数也逐年增加。

据说,IBM 最高决策者的指令要通过 18 个管理层,才能传递到最基层的执行者,这就是管理者的管理幅度过大、层级更多造成的。在京东,刘强东认为一个高层管理者最佳的管理人数是 8~12 人,如果一个团队中管理者管理的人数少于 8 个人就必须与其他团队进行合并,但如果管理的人数超过 12 人则需要进行分拆。

随着互联网的发展,企业内部信息化技术和工具发展也使得扁平化越来越高效。一个项目团队的建立可能仅仅就是一个"面对面建群"的微信群组就能轻松实现随时随地的快速沟通,一个公司内部大大小小的微信群也正是在扁平化的组织架构中的缩影,信息得到了有效的传递和高速的反馈,扁平化的架构逐渐成为各家大型企业组织架构优化的核心思想。

## 第三节　组织的决策头脑:战略发展部

所谓的大企业,无非是在每一次战略的选择上,都押对了方向,一步步积累下来而成为大企业。因此,对于大企业来说,比拼的核心往往不是执行力有多强,团队有多么优秀,资金多么雄厚,而是战略是否能紧跟行业的发展方向,虽然不一定做第一个吃螃蟹的人但至少做到不掉队,这就是大企业的战略方针。

从外部看,我们发现,很多中国的互联网企业都是"抄袭"的山寨式创新,而事实上,互联网的每一次创新变革,其内容都是大同小异的,如果企业为了标新立异而独辟蹊径,后果则无异于南辕北辙,可能从此会被时代所抛弃。

为了保证对最新行业发展的及时跟进,很多互联网企业都纷纷设立了战略研究中心、研究院等机构。这些职能机构通常核心的职能就是做行业的研究与分析,保持对行业最新动态最敏锐的触角,并迅速做出是否跟进的策略判断,同时为企业最高层级的领导做出准确判断提供客观翔实的数据和案例，因此在企业中的作用举足轻重。

这类部门通常人员数量不多，但是学历高，很多是 MBA、EMBA，或者是国外的知名高校毕业，同时曾经在咨询公司、会计师事务所、投资机构等任职过，因此人力成本还是非常高的。在企业中"养"这么一个部门，没有 KPI 指标却耗费高昂的成本，这就需要管理者有长远战略投资的眼光，因为战略部门一条有效的数据分析就可能给企业的战略转型带来巨大的商业机会，投入产出是非常高的。

腾讯从一家专门从事 IM 工具开发的软件厂商，发展成为如今涉足泛娱乐、金融、O2O 等多个领域，并且都取得了长足进展的巨头，跟腾讯内部很早就设立了一个"战略发展部"关系极大。这个部门的职能涉及一个战略从关注到立项、落地及人才培养的方方面面。

首先是对新战略方向的"关注"——扮演的更多的是"触角"职能。

触角在生物学中是昆虫重要的感觉器官，主要起嗅觉和触觉作用，有的还有听觉作用，可以帮助昆虫进行通信联络、寻觅异性、寻找食物和选择产卵场所等活动。

腾讯的战略发展部始终保持着对外界的高度敏感，同行业中任何老对手的战略调整、新对手新机会的出现，无论大小事无巨细都需要一一考量，很多时候互联网的商业机会一开始并不会特别引人关注。

就如腾讯的 QQ 秀这么一个"赚钱"的产品，就是来源于战略发展部门对于行业的研究，他们的触角甚至伸到了国外。

2002 年年初，韩国出现了一个叫 sayclub.com 社区，在社区上购买虚拟道具的付费用户从 6 万人，一年后暴增到 150 万人，每个人折合花费人民币为 4.94 元。

2002 年 5 月，国内同行丁磊的网易泡泡也推出网络化身产品。"友联"（ViaFriend.com）网站在 6 月份推出"阿凡达"品牌——i 秀，算是 sayclub.com 虚拟道具的"中国改良版"。

腾讯的战略发展部迅速捕捉到了以上信息，联合产品经理于 2003 年 1 月 24 日正式上线运营 QQ 秀，QQ 秀受欢迎程度大大超出所有人的预料，前半年就有 500 万人购买了这项服务，平均花费为 5 元左右，成为腾讯的一大现金流型产品，而后为腾讯每年带来数亿元的稳定收入。

当然，战略发展部也并非光会"照抄"项目，他们也会从战略角度去"否定"一个项目。比如 Facebook 在一诞生还未形成规模化的时候，就已经进入了战略发展部的视线，通过对 Facebook 用户的关系链进行分析判断，战略发展部认为腾讯当时并不适合往 SNS 方向走。

随着开心网、校内网推出了中国本土版的 SNS 社区后，国内的 SNS 形式和业态才逐渐明朗起来，腾讯也迅速推出了开心农场这一平台并获得了巨大成功。

腾讯同时也对 Facebook 模式进行防御性的"抄袭"，在 2008 年 12 月推出了实名注册的 QQ 校友网，在架构和社交场景方面几乎都模仿 Facebook。

2011 年 7 月，腾讯 QQ 校友网更名为"朋友网"，这一社交平台一度排在全国 SNS 网站的前六名，但其实取得这个成绩的原因只是吃了腾讯用户基数多的"老本"，理论上以腾讯的用户基础，如果模式对路的话，理应排行第一，可见 QQ 校友网并不成功，这从另一个侧面也印证了战略发展部前期对于 Facebook 看衰的判断是准确的。

战略发展部的第二个职能便是推动腾讯的创新和新业务布局，为各业务提供商业分析和战略支持，同时深度支持腾讯的各项业务。任何重点业务的发展方向及其面临的问题都会通过战略发展部得到协调解决。

正是由于这样的职能，腾讯内部的重要会议也是由战略发展部来组织的。很多新项目遇到的问题，都会在会议中由高层形成决议，并由战略发展部进行后续的跟进与落实。由于战略发展部在腾讯的组织架构中层级定位很高，所以在协调跨部门间的事务中更加得心应手。此时的战略发展部更像一个新项目的孵化基地，战略发展部门的高层甚至会出任一些重点合资公司的高管。

战略发展部的第三个更加核心的职能是作为战略人才的"黄埔军校"。由于战略发展部既要从事战略研究又要进行跨部门的沟通，其员工不但要在行业研究上有很深的造诣，还要深入腾讯的业务线，才能很好地行使部门的职责。战略发展部有定期轮岗的制度，员工在同一个领域或者同一个部门一旦连续工作超过两年，就会被鼓励向其他领域或者部门进行流动。这样的轮岗制度对于很多有着高学历、一进入腾讯就处于高起点的员工来说，是熟悉一线业务并且建立公司内人脉的很好的方式。

## 第四节　企业靠人管还是靠流程？

2016 年，张小龙曾经在腾讯内部的领导力大会中提到："现在大家要做沟通之前，还要先做预约，或者先开一个视频会议等，这是一件不光是对我们组织，而且是对所有组织都很有挑战的事情：对于几百上千这种超过人类自然承受能力的规模来说，大家要怎样才能保持很高的沟通效率，或者很紧密的人际关系？仔细探讨会发现，所有组织行为学、各式各样的公司管理哲学都会讨论这个问题。我担忧的是，我们作为一个上千人的组织，如果是把自身当成 10 个 150 人团队的话，我认为它会有非常高的创造力，但如果是当成 1500 人的一个整体，我特别担心它在创造能力上会不会反而有一些衰退。"①

很多互联网创业企业，早期都是草根创业的形态，团队可能就是几个人或者十几个。公司没有部门之分，也没有职责，没有流程，没有制度，没有 KPI，可以说极不规范，一切都靠人管。基于创始人的个人魅力，或者创业项目本身的远大愿景及创业的情怀，整个小团队充满了战斗力和高效的执行力。

而当创业公司经历过了生存期后，队伍进一步扩大，开始有了制度，有了规范，有了层级，有了部门，有了流程，有了制度，有了 KPI，有了规

---

① 警惕 KPI 和复杂流程. 张小龙最新内部演讲，腾讯科技：http://tech. qq. com/a/20161029 /018612. htm

划,但是似乎效率反而下降了,执行力反而变差了,管理层变得官僚,部门墙高筑……

这是一个非常奇怪的现象,在工业时代的时候,诸如 5S 管理、精益管理、KPI 考核、流程管控等科学管理方式,让小型制造业企业在成长为大中型企业的时候能够实现生产效率的倍增,为何到了互联网时代反而失效了? 莫非互联网时代的企业形态都是小而美?

互联网因为其信息传递效率的提升,加速了整个商业形态的演变与自我颠覆,所以科学管理的很多思维已经难以满足这个时代所带来的种种变革:

第一,未来已经难以规划与预测。传统的管理思想中,计划是第一个环节,很多大企业都习惯于做年度规划,做 3 年、5 年甚至 10 年规划,这在互联网企业中是不可思议的,因为市场变化太快了,没人说得清楚未来是个什么趋势,通常最多只能做个月度、季度的规划。

非常有意思的对比是,以前笔者在国企工作的时候经常写年度规划,但写完之后跟 5 年前的年度规划一对比,竟然一点变化都没有,公司的架构也还是以前的样子。而到了互联网企业后,笔者所分管的部门一年内竟然调整了 9 次目标与职责,这是让人"闲不住"的变化,但是市场所迫,你不变,就会被时代所淘汰。

我们也总在思考,公司越来越大,岗位职责越来越复杂,能不能把这些工作流程固化下来,我们做管理能够轻松一些,让大家可以像流水线的工人一样,看产品说明书来组装产品,我们可以抽出身来思考其他问题。但事实发现,这种挣扎纯粹是徒劳,因为工作的内容每时每刻都在变化,刚刚得到验证的知识转眼就会"过时",就要迭代,我们除了积极拥抱变化外,别无他法。

第二,各种强关系都在迅速被弱化。互联网时代,企业与员工关系渐渐被弱化,你所雇用的全职员工,可能同时还是淘宝的兼职小二、滴滴的兼职司机、映客的兼职网红、天涯的兼职版主,员工并不依附于唯一一家企业,工作不开心随时就可以易主。而客户关系更是如此,今天你的App产品体验不好,客户离开你就是分分钟的事情,没有任何的征兆和讨价还价的余地。

第三,客户第一,市场第二。索尼前董事曾发布一篇对于绩效管理感想的文章,叫《绩效主义毁了索尼》。作为工业时代龙头企业的索尼,在这个时代的边缘从内而外发起对于科学管理核心工具的思考,确实让人深思。

小米的雷军曾经提出"去KPI",也是以一种更夸张的方式来对科学管理工具提出挑战。我们真的不需要KPI吗?其实认真研究发现,小米是轻KPI而并非没有KPI,只是原有的KPI体系只关注一些市场的表现指标,比如销量、利润等,这样就很容易让销售和客服人员误入歧途地盲目追求高的销量和利润,就会出现忽悠客户、管卖不管服务、夸大产品等现象,而回过头来损伤的还是企业的品牌,最终影响的其实还是销量和利润。

小米的KPI从对市场的关注转向对客户本身的关注,比如对客服人员没有复杂的指标,只有客户满意度,当客户满意度上升了,自然品牌的口碑就好,销售量就高了。

同样，张小龙在前述的内部分享中也提到："城市服务作为微信里面的一个入口功能，也挺重要。去年制定年度目标的时候，团队给我抛出一个年度目标，这个年度目标我一看就吃了一惊，因为我没有看到这样的年度数据。什么样的目标呢？列出明年要达到的年访问量，年 PV（页面浏览量）要达到多少……我说怎么会有一个年 PV 这个说法，我没有听说过，我只听过日 PV，最多听过周 PV。团队解释说如果说日 PV，那数据太小了，不好看，我当时有点哑口无言了。这看起来是一个技巧，但是我希望同事少用这样的技巧。"

你会发现，当团队考虑的方向是在最终市场数据上的时候，很容易会为了做出这个数据而采取一些伤害市场的做法，而当考虑的方向是提升市场对产品的感知度的时候，好的市场数据展现其实就是自然而然的事情了。

第四，科学量化与粗放管理。仍然还是以 KPI 为例，在科学管理的影响之下，对于员工的 KPI 考核追求科学量化，因此从指标体系上就过于复杂，有些员工做了几年都还弄不清楚每个月自己的绩效分数是如何算出来的，谈何员工激励？

而很多互联网企业的粗放式 KPI 管理，可能采用非完全量化的指标，但是指标的兼容性很强，会涵盖很多分项的考核要求。这对于变化快速的互联网时代特别适用，让我们不必实时去修改优化我们的指标数据。同时这也是一种指导员工行为的价值观指标，让员工知道，首先是要做好产品和服务。

那么大企业应该如何去制定团队的管理目标呢？新东方的俞敏洪

在这个点上有很好的领悟,他的团队经历了从过度科学管理到核心目标考核的转变。

2014年,新东方内部为了冲收入,不惜提高各门课程的价格。虽然一段时间内新东方收入暴涨70%,但后来却收到大量家长和学生的退款要求。于是后来开始出现崩盘效应:家长退费、口碑下降……

2014年年底,新东方总收入只增长14%,净利润率下降8%,更严重的是学生人数减少11%。2014年年底,俞敏洪下狠心变革管理团队,他告诉所有新东方人员,做两件事:一是所有考核必须把收入和利润指标去掉,二是人力资源对关键人物的考核体系,严禁使用任何收入和利润数据。

同时,俞敏洪还提出了健康轨道指标的概念,即重视学生人数增长,而非收入的增长,在老师考核基础上,给老师加工资,不合格的老师全部淘汰,重视客户满意度、客户推荐率等。2016年年初,公司收入增长25%,利润增长4%,股票升到40多美元,新东方"起死回生"。

市场的收入与利润指标是最终的结果,而完成这样的结果有多种方式,一些短视的管理者容易采用急功近利的办法,这些方法短时间内也许能让业绩暴增,但是伤害了市场,破坏了口碑,从长远看一定是不利的。

而另一种更加长效的方法则是以先做好产品和服务为前提,并且坚信只要把这些做好了就一定会在市场上取得很好的回报,这通常需要一定的周期才能实现。而新东方是把考核指标改为健康轨道指标,就是一种尊重市场的表现。比如提升教师素质和课程质量,才是新东方安身立命之本。

果不其然，市场也回馈给新东方很闪亮的业绩。当然，做这个转变需要最高管理者有很大的决心，愿意牺牲短期的市场利益来换取市场的口碑，特别是很多有着业绩压力的上市公司其实往往很难走出这个怪圈。

## 第五节　战略落地靠人才

战略定好，组织调整完成，接下来就是最关键的执行，这就要依靠人才了。一个萝卜一个坑，坑挖完了，就种萝卜，萝卜就是人。组织需要做的，就是把合适的"萝卜"放到合适的"坑"里，做到人岗匹配。能够做好这一点的管理者，就是知人善任。一个会用人的领导，会给自己减轻许多负担，让企业的车轮朝正确的方向快速平稳地前行。

当人才入"坑"之后，就要做相应的工作，拿这个"坑"的报酬；做得好的"萝卜"，要得到激励，做得不好的，要有相应的惩罚制度。合适的"萝卜"在合适的"坑"里，受到绩效评估体制的滋养，就一定会长大。

腾讯在过去的每一次战略行动中，能够取得胜利，与人才落地、踏实执行关系紧密。选对人，用对人，才能打好仗。

### 选对人

从腾讯创业之初，马化腾就展现了识人之能。他自己懂产品，但在市场、实践、行政方面的能力有所欠缺。于是他找了4个合作伙伴，按他自己的话说:"曾李青负责市场,派头很像老板;张志东是学霸,实践能力超强;陈一丹是政府部门出来的,对行政、法律和政府接待都很有经验。"

事实证明,在腾讯诸多监管时刻,创始团队的 5 个人发挥了重要作用。在他们的带领下,腾讯才从一只"小企鹅"变成了大企业。举几个腾讯高管选人的例子,大家就能清楚地看到腾讯对人才的重视。

任宇昕在寻找人才时最看重两类人:一类是出现问题,从不推诿,有魄力主动承担责任的人;另一类则是观点独树一帜、不盲从、有思考力的人。他在招人时,会特意选择一个比较有情调的地方,和应聘者聊上十几个小时。在聊天的过程中,他也会随时观察对方的一举一动,比如他们对餐厅服务员的态度等。

在一整天的相处中,任宇昕会判断他是否具有专业的知识,是否愿意承担责任,是否具备团队精神等。如果一天的交流不够,他会继续和对方保持联系。有时候,腾讯的新人和任宇昕认识已有好几年了。

早在 2004 年,刘炽平加入腾讯前也已经和腾讯深入合作了两年,推动了腾讯在香港成功上市。在腾讯,"老朋友"加入是常有的事。通过前期的沟通、了解和合作,双方的价值观达到了较高程度的一致,这就为接下来的工作开了一个好头。

那么,如果组织选错了人怎么办呢?

2014 年前后,腾讯成立了天美艺游工作室,任命腾讯互动娱乐事业群旗下琳琅天上工作室总经理姚晓光为新团队领导人,整个团队初期规模大概有 120 人。按工作室的规划,将推出《天天爱消除》《天天连萌》《天天酷跑》三款战略级产品。

不过,在研发《天天连萌》手游的过程中,组织就遇到了人员问题。当时,接受这个项目的负责人能力有限,而且态度不认真,导致整个团队士气低落、效率低下。姚晓光及时发现了这个问题,然后从绩效考量,立即解除了《天天连萌》负责人的职务,并且迅速安排了能够胜任职位的人就位。这样的举动让团队其他人也认识到:如果工作做不出成绩,跟谁关系好都没用;如果能力不足,每天加班却不出成果,也只能离开。

如此,果断地把"坏萝卜"拔走,放上"好萝卜",也是战略执行中的一大关键问题。不过,需要提醒的是,人才在某个岗位表现不好,也许并不是人才不行,而是因为岗位不匹配。

比如,一个很会搞人际关系的人,把他放在天天埋头钻研的技术部,他就有可能不适应。而如果把他放到销售部门,他就能发光发热,成为优秀人才。因此,组织在拔掉"坏萝卜"的时候应该想一想,是否有更适合他的"坑"? 这就要求管理者了解人才,让他们在战略执行中发挥所长。

## 用对人

仔细想一想,很少听说腾讯为了某个战略计划天天开内部大会。人们总是在不知不觉中,看到了腾讯的变化和成果。当腾讯宣布实验开放战略时,内部的数万名员工们都在埋头做事,他们要用行动来支撑开放战略的执行。如果光喊口号,没人做事,那就只是空谈。

战略执行的高级状态就是,员工会自觉认同目标,主动完成任务,并在工作中不断创新,创造价值。在一定的原则约束下,充分调动人才积极性,这是未来企业的用人之道。

腾讯不用天天开大会,也能将战略落地完成,靠的是什么呢？这就要说到用人之道了。而用人的关键就是人才激励和考核。很多时候,战略目标没有实现,不是人才没有冲劲,而是他们的能量没有被充分挖掘和释放。冲不上去就意味着激励体制出了问题,拼命的人拿得不多,不干活的人拿得不少,这就会造成组织的懒惰涣散,导致战略执行出问题。

激励人才,舍得为人才投资,这是必需的。马化腾曾说:"互联网公司最有价值的就是人才。"对于现在的腾讯而言,资金和业务已经不是最迫切的问题了,业务可以拓展,可以更换,资金可以吸收,可以调整,而人才却是最不可以被替代的。

2016年,在腾讯18周年的庆典中,腾讯"总办"有过一场让员工们热血沸腾的直播。在这场直播中,马化腾宣布,为感谢员工们的付出,腾讯向每一名员工赠送300股腾讯股票,作为这次周年会的特别纪念。从当时的市值来看,腾讯这次的礼物价值17亿港元。

马化腾虽然是腾讯的掌门人,但他的薪资却是高层中最低的。香港年交所公布的2015年腾讯年报显示,马化腾年薪为3282.8万港元,而其他高管的薪水是上亿港元。从物质激励中,可以直接感受到马化腾对人才的爱护和尊重。

再比如,任宇昕每年都会以视频访谈的形式和员工进行沟通,内容就包括员工个人的最大奖金数额以及奖金的计算方法等。多年前,任宇昕就要求人力资源部门根据不同部门的业务特点,拟订员工个人的激励方案，并每年都对此快速迭代，优化激励方案。

员工奖金激励就是要做得大大方方，让大家知道，能者多劳，也能多得。2017年春节前，为了奖励微信团队在过去一年的付出和成绩，腾讯公司给予微信团队300人每人一部顶配的iPhone 7手机，同时奖励微信团队1亿元。这样的激励，的确振奋人心。

当然，腾讯给予人才的不仅是物质激励，还有更多的精神激励。比如，弹性工作制，不打卡、不坐班；腾讯在深圳的公司班车有多辆，早上6点到9点、晚上6点到10点都有，覆盖1000多个站点、370条线路；8点钟的工作餐，除了东来顺还有麦当劳、稻香，腾讯还自己开了个咖啡馆；晚上10点后，由公司出发回家的深圳市内交通费可以报销，广州地区为9点半；为了让员工坐得舒服，马化腾亲自挑选、试用办公椅，光买一把就要2000元，单是采购座椅就花出了5000万元。

这些措施，都是对员工的贴身服务。如今，只让员工有钱还不够，给予他们更多的自主权，为他们提供优质的工作环境，替他们解决工作之外的烦恼，往往更能留住人才，激发他们的能动性。每个人都是善良的，如果他们感受到了公司的关心，就一定会用行动来回报。

再拿绩效考核来讲，腾讯采取了比较灵活的考核方式。比如，刘炽平就不认同简单的KPI考评制。他认为，KPI考核是一种粗浅的生硬方式，存在一定程度的不合理性。一次KPI不达标，不代表他下一次无法取得成功，组织要给人才成长的时间和犯错的机会。张小龙更是认为："整天将KPI挂在嘴边的领导，都是不合格的，是庸俗的、没有想法的、令人痛苦的和无法言语的。"

不过,腾讯坚持的一点是,如果你没有团队精神,即便个人能力再强,腾讯也不欢迎你,更不会留下这样的人。刘炽平就曾讲过,公司是一个团体,只有合作才能共赢。团体可以包容个人的错误,但是绝不能容忍害群之马。

战略的执行需要人才的执行和推动,占领高地并非易事,只有带好队伍,给人才创造发展空间,才能使企业达到战略顶峰。

## 第六节　战略引导文化,文化影响战略

腾讯公司内部每年都会做员工满意度调研,文化一直是所有指标当中最核心的,而且能得到 80 多分的最高分,比其他指标的分数高出很多。可见,员工们对于腾讯文化的认同度都非常高。

从某个层面上说,腾讯的成功也推动了腾讯文化的发展。企业战略和企业文化之间的关系,就好像是人的行为与观念的关系。人可以是先有想法再行动,也有可能是先行动,在过程中形成观念。而在腾讯,我们看到更多的是,先有战略行动,再形成相应的文化,然后文化会再推进战略前进。企业战略本身就反映了企业的核心价值观,有着深刻的企业文化烙印。

正如要了解一个人就应当听其言、观其行,我们要读懂一家公司,除了要了解这家公司的产品,最根本的还是要从这家公司的战略和文化入手。很多人以为,企业文化是不变的,这种观点容易引发误解。在企业

的生命过程中,文化并非一成不变,随着时间的流逝,优秀的文化被沉淀下来,劣质的文化被淘汰出去。

特别要指出的是,在企业发展的不同阶段,文化特征是不同的。比如,在初创阶段,强调团结精神;在高速发展阶段,强调狼性文化;在平稳期,强调包容文化等。因此,在企业发展的不同阶段,企业战略的变化会对企业文化变化带来较大的影响。

以腾讯为例,公司整体呈现出开放、创新、自由的文化精神,但在不同的发展阶段,又有不同的文化服务于公司战略的执行。回顾腾讯公司的发展历程,我们可以发现,腾讯公司不同阶段战略的变化,背后实际上都伴随着企业文化的升级。企业文化一方面反映的是腾讯公司的历史积淀,另一方面反映的是腾讯对自身角色的认知。

## 有什么样的战略,就有什么样的文化

在腾讯初创时期,大战略尚未成形,最重要的目标就是活下来。那么,在这个阶段,团队的每一个人都是战友,大家不是亲人胜似亲人。大家每天一起吃饭、一起工作,想说什么就说什么,彼此信任、彼此支持,为了更好的生活而共同奋斗。

如此,在创始之初,带着活下去的目的,腾讯形成了良好的家文化。这种情感关系,使得团队在艰苦的物质条件下,仍然能撸起袖子一起干。不过,随着公司的发展,业务流程复杂化,人员配置多样化,只以情感为纽带,就会出现许多人事问题,阻挠流程的顺畅进行,破坏战略目标的达成。

比如，由于招聘时过于强调好福利、好待遇和家文化，吸引的员工也会格外关心福利待遇，很难分辨新员工究竟是冲着腾讯的福利来的还是冲着实现个人价值来的。员工对福利、待遇的需求水涨船高，尽管 HR 与行政逐年创出福利新花样、新玩法，但员工仍会不停吐槽，新的福利需求不断产生，工作却没有新突破。

在意识到家文化带来的问题后，腾讯就及时采取了办法。在招聘的策略方面，会明确告诉候选者，腾讯要招的是"有梦想的实力派"。在福利设计上，抓住重点实施。如果员工对某些无关紧要的小福利实在抱怨不断，那就干脆取消。另外，加强员工的幸福感和成就感获得，重视竞争文化，以此转移大家对福利的过度追求。

腾讯从家文化转变为企业竞争文化，就是要消除员工对公司的依赖性，强调在其位谋其职、踏踏实实做事、实现自身发展的观念。只有文化思想到位了，公司才能完成从小公司到大企业的战略过渡。

## 战略在前，文化在后

我们再回想一下战略发展期的腾讯，它像一只疯狂的八爪鱼，极尽可能把触角伸向了互联网的每个领域。每一个新出现的地方，总会有腾讯的身影。在外界眼里，它是行业的天敌。从文化的表现来看，它给人一种侵入者的感觉。或许有人会说，这是腾讯内部文化出了问题，实则不然。

真正的原因还是在战略上。在这一时期，腾讯提出了自己的使命——使产品和服务像水和电一样源源不断融入人们的生活。这是一个伟大的使命，没有任何问题，值得企业为之奋斗。只不过在战略上，腾讯采用了跟随战略，这才影响了之后的文化表现。

毫不夸张地说，什么样的战略就会生成什么样的文化。试想，在腾讯不顾一切想成为互联网绝对霸主的时候，它会开放文化，与人合作共赢吗？显然不会。这样一来，也就不难理解，为什么腾讯在践行开放战略后，会呈现出大气自如的文化姿态。

不可否认，文化会影响战略的制定和执行，但别忘了，强大的战略可以影响文化，改变文化。因此，我们要用好的战略去升级优秀的文化。战略和文化的融合度越高，组织流程就会越通畅，战略执行就会越顺利。

## 文化为战略服务

企业文化应该服务于企业的战略，企业要创建有利于企业战略实现的优秀的企业文化。企业文化在指导企业制定战略的同时，又是调动企业全体员工实施战略的保证，是"软"管理的核心。

腾讯倡导"正直、进取、合作、创新"的价值观，秉承"一切以用户价值为依归、发展安全健康活跃平台"的经营理念。为贯彻落实腾讯企业文化，确保"知言行"的高度统一，腾讯发布了《员工阳光行为准则》，明确了"腾讯高压线"。在任何战略执行过程中，"高压线"作为腾讯文化的重要组成部分，是腾讯文化和价值观所不能容忍的行为界线，一旦员工个人行为触及此界线,一律被开除。

"高压线"主要包括:

1.涉及信息、数据、费用的弄虚作假行为;

2.收受贿赂或回扣的行为;

3.泄漏公司商业机密或泄露、打探薪资等保密敏感信息的行为;

4.从事与公司有商业竞争的行为;

5.与公司存在利益冲突或关联交易的行为;

6.违法乱纪行为。

陈一丹曾表示:"我们看到触犯'高压线'的行为中有一部分是故意泄露公司机密,这些行为不仅对公司造成极大的伤害,对当事者本人的前途、职业生涯也是重大损害。这类行为是公司不允许的,这种不允许是一种保护,保护腾讯公司,保护腾讯所有正直的人的工作成果。"

除了明确红线之外,腾讯也确立了正确的文化精神,比如"瑞雪"文化,有瑞雪兆丰年之意。下雪之后,大地颜色洁白一片,把不好的行为去掉了,寓意阳光、纯洁。这个词是腾讯人良好行为的代称,它不仅涵盖道德、礼仪,同时也包括腾讯人的职业行为和高压线禁区,是一种"应该做的"和"不应该做的"的行为指引。

"瑞雪"文化关注的都是具体、细微的小行为,因此指导性、可执行性特别强。腾讯希望通过抓这些细节,用好的氛围同化大家,至少在公司的环境里相互信任、相互尊重,抱着乐观的态度工作,不要被不良的现象和思想所影响。

在腾讯提出开放战略后,"瑞雪"文化得到了极大的重视。腾讯员工在入职当天就会学习"瑞雪"文化。"瑞雪"文化已经成为广大腾讯员工潜移默化、根植内心的一套行为范本，而不是一种作为负担的外在制度，这成了腾讯企业文化的一大亮点。

2014年，一位腾讯员工在面对社会上存在的"不正直得利"现象时产生了困惑，他在腾讯内部交流的"乐问"论坛上问：正直对公司有什么价值呢？

马化腾看到后，很快做出了回复：我们坚持什么，主要是因为信仰什么是好的，对的。这不是说只有正直才能"成功"，但是，如果正直也能成功，为什么不呢？况且，也不能剥夺坚持正直纯粹也能成功的机会，尽管可能会更难一些。在有些浮躁的互联网行业，"瑞雪"有时甚至不一定是最"正确"的。但是，腾讯依然坚持着这份属于自己的信念。

如其所言，文化会变，文化也不会变。坚守该坚守的，改变该改变的，战略原本就是从点滴做起的大事。

致　谢
Acknowledgements

　　首先要感谢我的父母、爱人和我的女儿,谢谢你们给予我的支持和鼓励,写书期间理解我疏于对家庭的照顾。

　　感谢蓝狮子陈一宁和考拉看看编辑马玥、李立、熊玥伽、葛瑶在出书过程中给予我专业的指导,并且提供了丰富的案例与近距离接触腾讯的机会。感谢引荐人刘喜喜同学。

　　感谢我目前工作的 258 集团让我很好地实践自己的战略理论,感谢 258 集团创始人庄良基先生、董事长林溪为本书作序,感谢我曾经工作过的中国电信,丰富了我的战略见识,感谢恩师北京邮电大学吕廷杰教授、胡桃教授等在校期间教会我搭建理论框架体系。感谢"笔记侠"创始人柯洲为本书推荐。

感谢自己平时的观察、思考与总结积累,让自己在写书的时候不至于捉襟见肘。

最后,关于本书如有任何意见和建议,还请读者不吝反馈,帮助我一同成长。我的个人微信号是 zhuangb,个人的官网是 http://www.zhuangb.com。感谢!

　　对于我来说，写《腾讯战略法》不是研究的终点，相反是我研究的起点。对于企业的研究，只研究明星企业显然是不太够的，尤其是在互联网这个长尾时代，我们更应该关注那些广大的中小企业，因为缺少他们就缺少整体代表性。

　　战略是一家企业最为核心与敏感的部分，从根本上决定了企业的存亡。然而对于非常多的企业主来说，如何去合理地制定战略和推行战略，心中并没有非常清晰的概念。

　　我最早接触战略这门学科是在北京邮电大学读本科的时候，后来又在厦门大学进修企业管理研究生时进一步加深了对这门学科的认知。不可否认，这些学科非常经典并且经历了数百年的沉淀，但是仍然感觉那些所谓的科学管理工具如 SWOT 分析、波特五力模型等在如今的互联网商业中显得有些不太够用了。

后来我到很多企业内部去授课、走访调研，又到厦门258集团（一家专门为中小企业提供互联网营销推广服务的上市挂牌企业）担任副总裁分管战略板块，在这过程中将理论与实践结合起来了。我认为，做企业战略，要从精神层面去分析，得出这个时代企业家所应该具备的价值观的东西，也就是"道"的部分。对于任何企业来说，都应该追求一些"道"的东西。因为你今天掌握了一门"术"，明天玩法一变，原来的"术"就不好使了。尤其在变化如此快速的今天，"术"的变化让人眼花缭乱。

制定战略的时候，很多时候是在做是非选择题，一个新的业务方向做与不做，一个市场策略改与不改，都是看似很简单的非此即彼的选择。但是优秀的决策者能够在每一道是非选择题中都做出最优的判断，企业才能因此始终保持高速的成长。

我在研究中发现，战略之道离不开四个词：平等、开放、自由、协作。比如，我们要有平等的价值观，才能从根本上有用户思维。由于企业不应该"店大欺客"，我们才会去思考，要不要给用户提供极致的产品，要不要给用户免费或者部分免费。

在实践中，这4个词就如同护身符一样确保了企业在每一次决策中都能找到最底层的理论依据。关键是，它们永不过时，虽然今天说这个话为时过早，但是我们发现人类文明的发展与商业的演进都是同步的，优秀的企业家都是哲学家，一定有其自洽的逻辑和普适性。

目前我为很多传统企业互联网转型所做的顾问服务，将从另一个维度不断扩展我的知识边界。我会在接下来的日子，通过自己亲身服务的企业案例,逐步拼凑出一套这个时代的企业战略法。

我现在最主要的工作就是每天与各种类型的企业打交道,了解他们在互联网转型中遇到的各种问题,给出解决方案并帮助企业将方案落地。我惊奇地发现,这样的问题竟然不止局限于传统企业,也包括互联网企业。

从某个意义上来说,今天所有的企业都是互联网企业,因为大家都离不开与互联网的结合,然而所有的企业又都是"传统企业",因为只要稍不留神,就会落后于这个时代,成为"传统"的互联网企业。

所以,我看到很多的企业家都有着非常强的危机感,我认为这样的危机感是十分有必要的,企业生存虽然艰难,胜利永远只属于那些最终咬牙坚持过去的企业,然而坚持不是靠蛮干,而是要有超强的学习能力,有坚定的转型的魄力和决心,有不达目的誓不罢休的韧劲。

庄毅佳

2017 年 11 月 9 日于厦门

**图书在版编目（CIP）数据**

腾讯战略法 / 庄毅佳，刘茸著 . —杭州：浙江大
学出版社，2018.5
ISBN 978-7-308-17996-6

Ⅰ.①腾… Ⅱ.①庄… ②刘… Ⅲ.①网络公司—企
业管理—经验—中国 Ⅳ.①F279.244.4

中国版本图书馆 CIP 数据核字（2018）第 029386 号

**腾讯战略法**

庄毅佳　刘　茸　著

| | | |
|---|---|---|
| 策　　划 | 杭州蓝狮子文化创意股份有限公司 | |
| 责任编辑 | 黄兆宁 | |
| 责任校对 | 杨利军　　张培洁 | |
| 封面设计 | 卓义云天 | |
| 出版发行 | 浙江大学出版社 | |
| | （杭州市天目山路 148 号　邮政编码 310007） | |
| | （网址：http://www.zjupress.com） | |
| 排　　版 | 杭州中大图文设计有限公司 | |
| 印　　刷 | 杭州钱江彩色印务有限公司 | |
| 开　　本 | 710mm×1000mm　1/16 | |
| 印　　张 | 14.75 | |
| 字　　数 | 170 千 | |
| 版 印 次 | 2018 年 5 月第 1 版　2018 年 5 月第 1 次印刷 | |
| 书　　号 | ISBN 978-7-308-17996-6 | |
| 定　　价 | 49.00 元 | |

**版权所有 翻印必究　印装差错 负责调换**

浙江大学出版社发行中心联系方式：0571－88925591；http://zjdxcbs.tmall.com